天宮玲桜
Leica Amamiya

生きる世界は、あなたが決めていい

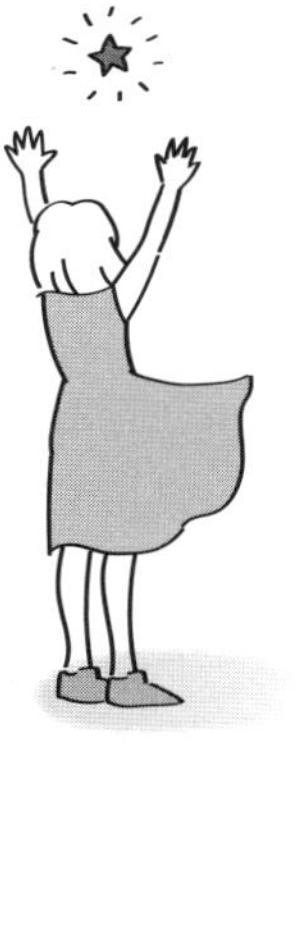

KKロングセラーズ

はじめに

先祖代々の霊能者として生まれた私は、これまで7万人を超える人たちのこころに触れ、たましいを感じ、人生を鑑定してきました。

活動を始めてから、15年ほどになりますが、当初、出会った人たちの中には、無一文から、上場企業の社長になっている人もいます。

会社を興して、その会社を売却し、大富豪になって、悠々自適な暮らしをされている人もいます。

望めば人は、いくらでも変われる。そういう人生を山ほど見てきました。すべての人は生まれてからずっと愛されているし、これからもずっと愛されていきます。

どんな人であっても、愛され、護られています。

人生に迷っている人ほど、古代の生き方を現代に取り戻してほしい。それは自然界とのつながりや、宇宙の力の取り入れ方、それらを思い出すだけです。

いかにして、しあわせに生きるか、自分の願いを叶えながら日々を送るかについて、一冊の本にまとめたいと思い、3年ほどの時間をかけて書き上げたのが、この本です。

悩める人たちがしあわせな道を見つけますように、と願いを込め、この本を世の中へ送り出しました。

この本には　私の愛がたくさん詰まっています。ぜひ受け取って、思う存分しあわせになってください。

願いを叶えるのに、学歴も、外見も、能力も、性格も、年齢も、性別も全く関係ありません。

自分で在ること。つまり、自己一致していること。それだけが大切なことです。生きる世界は、あなたが決めていいのです。生き方は、だれも教えてくれません。

なにを正しいとして生きていくか、ごもっともな意見が溢れている情報時代の中で、なにをどう選択するか、それはあなた次第なのです。

その選択肢のひとつとして、この本を手に取っていただいたあなたには、絶対にしあわせになってもらいたい、と願って、たましいを込めました。

私はプロの作家ではありません。うまく書けていないところや、同じようなことが何度も出てきたりします。どうか、あなたの読み取る力で私が伝えたいことをキャッチしてください。

未曾有の時代、激動の今だからこそ、伝えたいことを、思うままに盛り込みました。

２０２４年以降は、天変地異や、こころが追いついていかない事故、まさに衝撃に包まれることが起こっていきます。だからこそ、平気に見える人でも、ストレスがこころに染み込んできています。

なんとも言えない不安感や心配に襲われている人もいるでしょう。でも大丈夫。それはあなた自身がレベルアップするタイミング。新しいステージが用意されていることを知らせる、とても重要な出来事なのです。

レベルアップの知らせは、お金や健康、人間関係など、その人が絶対に受け取る悩みやトラブルとしてやってきます。そして、すべての答えはあなたの内側にあります。

自分を見つめることで、人生はステージアップしていきます。事実を正しく見ること、そして、それを解釈する方法を変えることで、人生はいくらでも好転していきます。

答えはすべて自分の中にあるのです。そして、自分の中の正解に従って生きることこそが、しあわせなのです。

こころの自由にしたがって、生きるということ

「災い転じて福となす」
私の好きな言葉です。
もしあなたが、今の現実を変えたい、と願っているなら、この本はきっと、その助けになるでしょう。

すべての人は、生きているだけで素晴らしいものです。無限の可能性を持っています。

念ずれば花開く——一心に強く念じること。

そうすれば願いは必ず叶います。

この本には、こう生きるべき、ということを書いてはいません。生まれたときからこうしなさいと言われ続けてきた皆さんは、もうそんなことは聞き飽きているはずです。

あなたの人生はどこまでも自由であっていいのです。私の持つ「この世の真理」をお伝えすることで、いきいき輝いていき、人生がより楽しく、こころも体も軽く、楽に日々を過ごせるようになった人たちをたくさん知っています。

当然、会社の株価はぐんぐん上がり、経営は面白いようにうまくいき、家庭は円満、子どもたちはこころのままに人生を生きていく……。

生活保護を受けていたシングルマザーが、大金持ちになっていくのも、あっという間でした。

まずは、頭の中を変えるだけ。しあわせの波に乗れるようになるのはコツさえつかめば、とても簡単なことなのです。

さあ、新しい人生のはじまりです。

リラックスして、楽しみながらページを進めてみてください。あなたがあなたらしく生きることができますように。

こころがよろこぶ人生を進んでいくことができますように。

言葉足らずで、ご不明な点が多々あるかと思います。書ききれなかったこともたくさんあります。それでも、どこか一節がなにかのヒントになれば、とても光栄です。

この一冊の本がだれかのこころを平和にし、世界平和がひろがっていきますように……。

天宮玲桜

はじめに……2

1章　自分の本質を知る……17

自分の感じたことを伝えましょう。どんな結果でもすべていい方向に行きます……18
愛されていることを感じたいと願えば現実の中でたくさん見えてきます……21
あなたの思い方しだいで見える世界が違ってきます……24
自分の感情を解放しましょう。感じることが「しあわせ」を呼びます……27
本当はどうしたいのか、自分で気づくことが、しあわせへの第一歩……31
生きている中で「気づき」というものが人生を変えてくれる唯一のヒント……33
短所も魅力のひとつと思えたら、あなたの輝きはもっと強くなる……36
一〇〇％私は悪くない、と言いたくなるとき、そうなる自分をただただ感じてみてください……38
今、頭がしゃべっていること、こころが訴えていることを書いてみましょう……40
きっと、いつもどんなときも護られていることに気づくタイミングがくるでしょう……44
だれにも勝っていないし、だれにも負けていない。勝ち負けは存在していないのです……46
新しい世界へ、勇気を出して動いてみる。人生が少しずつ変わっていきます……48

私はどうなりたいのかを、
自分の内側に聞いてみましょう……50
ひみつのきもちノートを書いてみよう①……52

2章　人間関係について……57

こころを開ける場所、安心して発言できる場所を
まず、見つけましょう……58
人はそれぞれ「ちがう」もの。「ちがい」を
おもしろがってみる、愛しいと思ってみる……61
100%のうち、10%の気持ちでもあやまることが
できたら、人間関係が楽になります……63
ゆるすと体がゆるみます。体がゆるむことは
自分自身にとって正解です……66
本当に思っている言葉を口にするとき、
その声はたましいとつながります……70
別れは、ない。いつだって会える。
いつだって感じられる……74
自分にとって一番の友だちは自分。その上でこころから
信頼できる人がひとりでもいれば幸運です……76
自分を捨てて、結果を捨てて、だれかを救ったとき
自分の奥深くに癒しが起こります……78
生きづらいと感じたら、本来の自分の姿では
ないかも知れない、と思ってみてください……80
意味のない人間関係はありません。
だから、自分を責めるな!
堂々と生きていればいいのです。……83

3章　家族・子育てについて……85

育てられないなら
子どもはさっさと手放してください……86
子育てはコミュニティのみんなでする。
よりたくさんの人に関わってもらえばいい……89
すべての人は、叶える力を持っているのです……93
子どもは親の持ち物ではありません。
子どもは親の面倒を見る存在でもありません……96
血のつながりだけを重視する家族ではなく、
ここにいたい、と望む新たな家族と生きればいい……98
ずっと親の言いなりになるのではなく自分らしく、
自分を貫いてみることも大切です……100
自分らしさを見つける旅に出てみたら
生きることがもっと楽しくなるでしょう……103
家族の関わりの中で、相性はそれぞれ。
どう生きるか、どう在るか、もっと自由でいい……106
学校に行かない子どもたちが
互いに慰め合い、応援し合う
保健室のような場所が社会にもあれば……108
自分を取り戻したくなったら、
親からの解放を決めましょう……111
義務感で親子で一緒にいるなら、
「こうすべき」を手放してみてください……114
これから、どう生きるか、それを選択する時代。
いくつもやり方があることを知ること……117
ひみつのきもちノートを書いてみよう②……120

4章　しあわせについて……123
しあわせ、と思っている人は、「安心、安定」の世界に、
不幸、と思っている人は、「不安、心配」の世界にいる……124
好きなものは自分のこころを助けます。
「好き」だからがんばれる、
「好き」だから前へ進める……126
週に一度、冒険の時間をひとりで体験しよう……128
「心身が整う」ということは
まさにゾーンに入っている状態……130
「そのときの自分の精一杯をやればいい」と自分に
許可するだけで、こころがふっと楽になります……132
素を出して生きることを決めると、
こころの声が聞こえるようになり、
自分を出すことができるようになると、
こころが満たされて生きることができます……134
感じることは生命そのもの。感じることでしか
得られないものがあるからです……137
だれかの振動を感じることで自分の振動になる。
そうやって人は助け合って生きているのです……142
いったん、携帯電話を置いて、ゆっくりのんびり、
ただ生きている状態にかえってみよう……144
笑う練習をしていきましょう。
そして、笑う自分を取り戻しましょう……146
今、この瞬間、なにも変えなくても
しあわせなのです……149

5章　人生について……153

どう生きても、あなたの人生はあなただけのものです……154
人生は、あなたが言った言葉の通りに、進んでいきます……157
全部を楽しむ。空の天気とおなじ。晴れがあって、雨があって、くもりがある……160
ルールが苦しいと感じたらいったん、逃げて休んでいいのです……162
今をみとめて知ることができれば、勝手に願いが出てきます……165
「探そうと意図すること」がとても必要です……167
いろいろなことをゆるし、認めたとき助け合う意識が生まれる……169
問題と解決はレベルアップしながら、繰り返し起き続けるもの……172
今、自分に不要なものを手放すと自分がどんどん楽になります……175
成功している人がなにを基準に判断しているのかを知れば、決める力を手にいれることができます……177
「利他」を達成するためには、自分自身が元気でなければ、何もできません……179
自分がなにを意図するかによって、見えるものは変わってきます……182
諸行無常
永遠に変わらないものはないということです……184

ひみつのきもちノートを書いてみよう③……186

6章　愛について……189

大好きと思うほど、こわくなって離れてしまう。そんなとき、自分を愛おしいと抱きしめましょう……190
本来、見るべきは自分自身です……192
結婚してもいいし、離婚してもいい……194
恋愛は、自分を成長させてくれます。……196
愛とは、どこにでもあるもの。あふれているもの。苦しいことも、悲しいことも、辛いことも、寂しいことも、すべてが、愛です……197

7章　お金と仕事について……199

お金は奪い合うものではなく、与え合うもの。あくまでも、自分が与えて終わり……200
これからの時代は、楽して楽しんでいる人にお金が集まってきます……203

お金は、学びのツールです。
お金が何かを教えてくれているのです……206
「お金持ち」と呼ばれる方に共通しているのは、
「お金を見ていない」こと……210
仕事は、「好き」からはじまると
驚くような結果をもたらしてくれます……211
会社を辞めることは負けではありません。
逃げでもありません……215
一人ひとりが行きたくなる会社が、
生き残る会社です……217
ひみつのきもちノートを書いてみよう④……219

8章　健康・生と死について

8章　健康・生と死について……221
体の声は、こころの声を
無視し続けた結果、出てくるのです……222
今、人生がうまくいっていないとしたら、
楽なほうを選んでみましょう……225
自分自身にたっぷり愛を注ぐこと。
それが生きるということです……227
肉体には限りがありますが、たましいは永遠です。
だからこそ、今を思い切り生きることです……230
人の死、というのは自然のもの。
安易にだれかが同情すべきではない……233
助け合うこと、救い合うこと、
それが当たり前の世界になれば……237

亡くなった人たちは生きている人の応援団です……240

9章　未来について……243

こころの中で思っていること、自分自身が信じていることには巨大なパワーがある……244
人のせいにしないことです。常に、自分の人生は自分がつくっているのです……247
こころがワクワクする方向へ自分自身を動かすことができたら、それが自分をはるか遠くまで運んでくれる……249
すべては気持ち次第。気持ち一つで、いかようにも世界は変わります。しかも一瞬で……251
自分の中の神性、仏性に気づくと、神と一体化します。さらに自然界と一体化し、宇宙と一体化します……254

おわりに……256

1章 自分の本質を知る

自分の感じたことを伝えましょう。どんな結果でもすべていい方向に行きます

私の世界では、まずはとにかく「しゃべりなさい」と言われます。
本当に思っていること、本当に感じていること、それらを「ことば」にする。伝えることを頑張るのです。

伝わったかどうかが大切です。

生きていること以外全部勘違い、というくらい、人は思い違いをして生きていますから、伝えることを頑張ると、事実が見えてきたりします。

「ふと」感じたことはとっても大切なこと。
「ふと」は神様からの愛なのです。
自分の感じたことを伝えることはどんな結果でも、すべていい方向に行くのです。

もめてもいい、すねちらかしてもいい。

だから、伝えることをあきらめないこと。

それが自分を愛するということです。

人生はアート。表現の世界です。

幼い頃から、

「しゃべるな！」と言われ続けてきた人たちにとって、「しゃべる」ことは、こわいこと。

でもそれを許可することによって、自分を解放し、自分とつながり、天と地とつながることになるのです。

かくいう私も、子どもの頃はまったくしゃべらない子でした。霊能力者の一族のため、家の中でも霊視ばかりしていて、肝心なことは、無言のテレパシーでやりとりしていました。

ファックスを送る感覚で、相手にテレパシーを送る。そうすると画像や動画を送るかのように、家族に正確に通じるのです。

そのような環境で育ってきたために、言葉を使うことをしてきませんでした。

ご縁あって、ラジオでしゃべる仕事をするようになって、いかに自分がしゃべっていなかったか、しゃべることの難しさと楽しさを知りました。

感じる力が強い人ほど、言葉にすることが難しいのです。たましいで感じた世界に言葉が追い付かない、そんなもどかしさを感じてしまうのです。なぜなら感情の次元、言葉の次元、言葉のない至福のみの次元と、世界は分かれているからです。

それらは、真逆にあるものだから、目に見える世界の「言葉」と、目に見えない世界の「感覚」をつなげることは、コツが必要です。

細かく正確に伝えたい、すべてまとめてから伝えたい、いい人に見られたい、などはすべて手放さなければ伝わりません。

だからこそ、言葉で伝えることができれば、人とうまくつながることができ、会社も、仕事も、家族もうまく回り、人生がスルスルうまくいくのです。

愛されていることを感じたいと願えば現実の中でたくさん見えてきます

起立！　礼！　着席！

そんな言葉に体が反応してしまう人は、感性を抑え込んでいるかもしれません。

感じるよりも、体が動く。そういう風に、洗脳されてしまっています。

人は何かに洗脳されるものです。ならば、心地いいと感じるものに洗脳されましょう。

悲しい思い、寂しい思いでいっぱいになった人の多くは、生き抜くために感じることをやめてしまいます。

こころを封印してしまうと、悲しい、苦しい、寂しい、辛い……を感じない代わりに、うれしい、たのしい、おもしろい……も感じることができません。

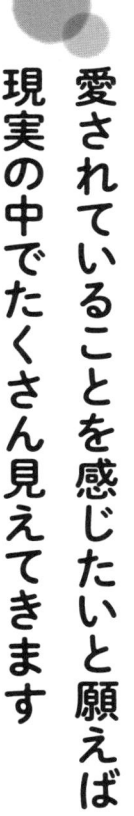

人はなんのために生きているのでしょうか。
仕事柄、悩める人たちと触れ合っていると、生きるって競争することなの？
生きるって失敗しないようにすることなの？
生きるって迷惑かけないようにすることなの？
生きるって比べることなの？
生きるっていいことだけすることなの？
生きるって評価されるために自分を殺すことなの？
と、感じます。

親もわかってくれない、友だちもわかってくれない、会社もわかってくれない、だれも信じられない、信じたくない、と疑心暗鬼になって、ひとりぼっちになっている人が、本当にたくさんいます。

すべての人は生まれてからずっと愛されているし、これからもずっと愛されてい

きます。

どんな人であっても、愛され、護られています。

だから、愛されていることを感じたい、と願えば現実の中で　それがたくさん見えてきます。

逆もまたしかり。感じることはパワーになります。怒りもパワー、悲しみもパワー、よろこびもパワーです。

感じることは　生命力をアップしてくれるもの。だからこそ、感じる勇気を持って、たくさんのことを感じてみる。

そしてそれを受け入れたり、消化したりして、自分自身のこころに刺激をたくさん与え、この世界の美しさや自然界が与えてくれる感動を、たくさん感じていきましょう。

そのよろこびが、今を生きる力になります。

あなたの思い方しだいで見える世界が違ってきます

私は今しあわせ。そう思って生きている人と、しあわせになろう！　と思って生きている人では、見えている世界がちがいます。

しあわせ、と思っている人は、安心、安定、の世界にいるし、しあわせになろう！　と思っている人は、不安、心配、の世界にいます。

つまり、今どう見ているか、どう感じているか、が肝心です。

この世は「ある」と思ったものしか増えません。あなたが「ある」とカウントしたものはなんでしょうか。

本当にそれを増やしたいのでしょうか。

「借金」という経験の中で、「お金を借りた不幸」がある、なのか、「お金を使いたいものに出会えたよろこび」がある、なのか、「お金を借りることができた」という環境に対するよろこび、なのか……。

どこを見ているかはその人次第です。

今、自分の生活をどのように名付けていますか？　どう呼んでいますか？

そしてそれは、心地がいいものですか？

呼び方を変えるだけでも、言葉の力で、その問題がホロホロ解決していくこともあります。

言霊の力を信じましょう。

自分がどうしたいかにフォーカスしなければ、本当のよろこびはやってきません。

占いに行って、「学校に行け」「離婚するな」「親を尊敬しろ」「仕事をやめるな」と、全ての人に言っている占い師さんがいたら、その占い師の話を聞く必要はないです。

常識に囚われて、「こうしろ、ああしろ」と言う占い師さんは、悩みを増やしているようなもの。

人の想像をはるかに超えた滝行や山岳修行、または、里の行で、常識を超えた人でなければ、人のこころは救えません。


ゾーンに入ったことのある人なら、その感覚がわかります。

こうあるべき、は捨て去り、自分がどうしたいのか、にフォーカスしなければ、本当のよろこびはやってきません。

ぜひ、自分の意識の外側からの言葉を投げかけてくれる、無条件の愛をもつ人と関わっていってください。

そういう意味で、楽しくなければ占いじゃない！　と私は思っています。

一瞬でも救われたい、と思って占いに行ったのに、こころがよどんでしまうなら、行かないほうがましです。

こころがあがるようなメッセージを受け取れるかどうかを大事にしてください。

自分の感情を解放しましょう。感じることが「しあわせ」を呼びます

現代はまさに、「除菌時代」。

言葉も、態度も、洋服も、表情も、何もかもが「除菌」され、だれにも害がないものになった「安全」な状態でしか、外に発信されないようになっています。

チェック、チェック、チェック。

確認に確認を重ねた、無難なものだけが、目の前を通り過ぎていく。

失言のないように、守りに入るあまり、こころに響くものは、良くも悪くも、一握りになっています。

人を傷つけたり、そのことで嫌われたり、損害をこうむったりするような、とき

に自分の命まで奪ってしまう原因になりかねないものは、すべて「除菌」されています。

せっせと「除菌」に励む人が多くいます。

24時間、365日、繰り返し繰り返し、「除菌」する。無害こそ正義だと思い込んでいるのです。

よく言われることですが、肉体も「除菌」しすぎると、いい菌まで失ってしまいます。

肉体を保つために、必要な菌までも、「除菌」してしまうのです。

砂場遊びもだめ。砂や土がついた足は「よごれた」足。人と触れることも、マスクを外して顔を見せ合うことにも抵抗がある。そんな時代です。

私の周りには、一風変わったお医者さまや研究者の先生が多く、

「手を洗うな、うがいをするな、歯をみがくな、風邪をひけ、食べるな、熱を出

せ」

そんな一見「非常識な」言葉をよく耳にします。

何が正しいのかは、自分の中で決める。情報過多の時代に、自分の感性を立たせることは、命を守ることにつながります。

こころも同じ。感情を排除しろ、つまり、喜怒哀楽の、喜びや楽しさだけを追い求める、笑顔が素晴らしい、という考え方。

このような二極の世界にいては、自分の感覚は感じられません。

自分の感情を解放する。すべての感覚をゆるし、その感覚の中に入り、本質を生きる。

勝ち負けの世界に、しあわせはありません。

すべての人は、今、不完全という完璧さを持ち、すべての人はこの瞬間、しあわせなのです。

そのしあわせとは、単純に、勝った負けた、得した損した、の世界ではなく、もっともっと本質の世界なのです。

「感じること」そのすべてを、「しあわせ」と呼ぶ世界です。

どう呼ぶのか、どう名づけるのか、によって、その「状況」に与えるエネルギーが変わり、見え方が変わります。

同じ状況でも、それを「しあわせ」と呼ぶ人もいれば、「ふしあわせ」と呼ぶ人もいます。「できそこない」だからいい、という人もいれば、「できそこない」だからだめ、という人もいます。

自分をどう見るか、どう名づけるか。それによって、活かし方は変わってきます。

本当はどうしたいのか、自分で気づくことが、しあわせへの第一歩

私が受ける相談の多くは、セレブと呼ばれる、外から見るとしあわせそうに見える人。不平不満を言ったらバチがあたりそうな人生なのに、何か満たされないものがずっとこころの中にあり、それがグツグツ煮詰まっている、という内容がとにかく多い。よかれと思って結婚し、子どもを産み、育ててきたけど、こころが満たされないのです。適材適所になっていないことを、「本当の私」は知っているのです。

私の霊視では、パワーがありあまって仕方のない様子や、そのパワーを活かしたいという本質の声が聞こえてきます。

前世から引き継いだ願いを叶えたいという思いや、真っ赤なオーラが炎のように燃えている様子が見えます。

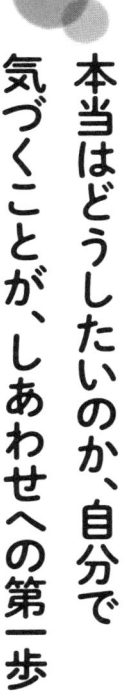

すべてに意味があります。そのモヤモヤする思いにも、必ず意味があります。**自分にどんなサインを送ってきているのか、それをキャッチしてあげることが、自分を生きるということであり、自分自身へ「無条件の愛」を送る、ということです。**

どうして行動に移せないのか、その原因を見たくない、見えないようにしているか、というと、大切な人から嫌われてしまう、今の生活から大きく変わってしまう不安や恐れがあるからです。

この本を手に取ったあなたは、まちがいなく、「人生の岐路」に立っています。そう、つまり、「転機を迎えている」ということ。

言わないようにしていることをあえて口にしてみたり、やらないようにしていることをあえてやってみる。そうして、自分という枠から、はみ出てみませんか？

本当はどう行動したいのか、本当はどう言いたいのか、本当はどう思っているのか、自分が気づいてあげることが、しあわせへの第一歩だと知りましょう。

生きている中で「気づき」というものが人生を変えてくれる唯一のヒント

あいつが悪い、こいつが悪い、社会のせい、家庭環境のせい……大いにけっこう。それ自体を否定したり、いやがったりしないで、そう感じている自分をゆるしてみましょう。

まずは、どんどん吐き出してみてください。スッキリしたら、一晩寝てみて、どんな気持ちになるか、感じてみましょう。

また同じように、ドス黒い思いが出てきたら、それをそのまま吐き出して、汚れた水に、細く長く綺麗な水を注ぎ続けて、綺麗な水にしていくように、おなかの底にたまった思いを、どんどん吐き出してみましょう。

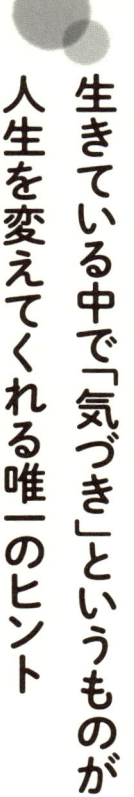

出てこないように　おさえこんで、厳重にふたをしてしまった思いも、あなたが出てくる許可をし、受け取る覚悟を決めたら、どんどん出てくるはずです。

そして、次のステップに進みたくなったら、すべては自分のために、自分が起こしたものかもしれない、と思ってみてください。

「…かも」というところが重要です。意味のないことは起こらない。必要でないことは起こりません。でも、「そんなはずはない」と言いたくなるものです。大きく反応するものほど、あなたが自分らしく生きるために、とても大切で重要なことです。

すべてはあなた自身が、何らかの気づきを手に入れたくて、起こしているもの「かも」しれません。

拒絶反応が出て、「そんなはずはない」と思うなら、認めないことで、どんなメリットがあるのか、それを丁寧に見ていってみましょう。

何か認めたらこわいことが起きると思っている自分がいることもあります。新たな視点が生まれてくるかもしれません。

生きている中で、「気づき」というものが、人生を変えてくれる唯一のものです。**はっと気づく。そのためには、時間をかけて、自分に刺激や影響を与え続ける必要があります。**

その時間は、長いときもあれば短いときもあるでしょう。でも、あきらめずに、「なにかおかしいな?」という違和感や、「こうしたいな」という、願いというエネルギーを、自分に与え続けることで、はっと気づくときが必ずきます。

気づくときは、リラックスしてボーッとしているとき。そんな時間を、日々の中にとりいれてみてください。

あなたに、あなたをしあわせにする気づきが、たくさんおとずれますように!

短所も魅力のひとつと思えたら、あなたの輝きはもっと強くなる

あなたの長所はどこですか？　短所はどこでしょう？　どちらを前に出していますか？　どちらも前に出していますか？

多くの人は、長所を出したい、長所を見てもらいたい、と願っています。でも、短所も魅力のひとつ、と思えたら、あなたの輝きはもっともっと強くなります。

トップ営業マンは、商品を売る前に自分を売ります。高額商品ほど、商品説明の前に、雑談をたっぷり。それが、営業ナンバーワンの共通点です。

あなたがあなたらしく在ることで、あなたのオーラは極上に輝きます。

そのオーラを感じることで共鳴し、感じた人の人生も輝きはじめます。すべての人は深いところでそれを知っているために、オーラのある人のもとに人が集まるのです。

あなたが、自分の短所を愛すること。それを前に出すことをおそれないこと。短所を出すことで、そこが磨かれます。それこそが、まさにあなたの本質です。人はそうやって生きていきたいものなのです。

自分の何かを押さえようとすると、いいところまで押さえることになってしまいます。

なんてもったいないことでしょう！

「はっきりものを言ってしまう」「わすれものが多い」「遅刻が多い」「無愛想」

あなたが短所だと思いこんでいるところは、ひっくり返すと長所になり、愛すべき最大の魅力となることもあるかもしれません。

一〇〇％私は悪くない、と言いたくなるとき、そうなる自分をただただ感じてみてください

なにかを言われたとき、頭ががちんと固まって、頭が動かなくなる……そんな経験はありませんか？

体は硬直し、奥歯をかみしめ、お腹の奥底から、ムクムクと怒りのエネルギーが湧いてきます。

一〇〇％私は悪くない！
一〇〇％私が正しい！
それでも私は悪くない！
そう言いたくなるとき、どんな気持ちでしょうか？
苦しい？　寂しい？　こわい？　きらわれたくない、良かれと思ってやったのに、

頑張ったのに、変えたくないのに、喜んでほしかったのに、「できるならやってろよ！」「できないこと言わないでよ！」といろいろな言葉がわいてくるでしょう。

頭を固めておかないと自分がなくなるような気持ちになる。絶対に認めたくない。認めてしまったら、この世の終わり。こころがパタンと閉じてしまう。

だから、もう感じるのやめた！

そうなっているときは、そうなっている自分を、感じてみる。

ただただ、感じてみてください。

そう思えたら、不思議とこころも体もゆるんできます。

そして100％悪くない、ということはこの世に存在しないことを思い出してください。何かをかん違いしていたり、ゆるんだらそこに、今のあなたに必要な気づきが入ってきますから、それを受け取ってみましょう。

驚くような気づきが、人生を豊かにしてくれます。自分にも何か必ず原因があります。

今、頭がしゃべっていること、こころが訴えていることを書いてみましょう

子どもの頃、「そんなこと言ってはいけません！」と言われ、しゃべることをやめてしまった人がたくさんいます。

本当のことをズバッと言ってしまうタイプの人や、細かく丁寧に正確に伝えたいタイプの人、親に子育てする余裕がなかったり、親と性格が合わず、自由に話すことを押さえつけられていた人ほど、話すことを活かせる仕事に就いたとたん、人生が好転していくことがあります。

本当は何を言いたいのか、本当は何を思っているのか、本当はどう行動したいの

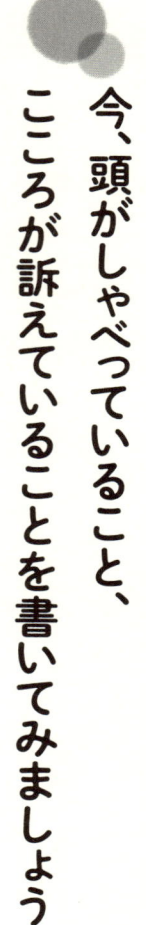

か、話が苦手な人は、紙に書き出してみると、こんなに自分の中に言葉があるんだ！　と驚くことでしょう。

頭がしゃべることを紙に書き出してみることで、客観的に見ることができ、新しい気づきがあったり、自分へのアドバイスが生まれたりします。

私は、そのノートのことを「ひみつのきもちノート」と呼んでいます。

頭がしゃべること、こころがしゃべること、見ないようにしている気持ちを書いてみるノートです。だれにも見せなくていい、自由に表現するノートです。

内観することで、自分の内側に素晴らしいエナジーがあることを知ってください。

コピー用紙でも、メモ紙でも、ノートでもなんでも構いません。

自分が書きやすいものを見つけて、今、頭がしゃべっていること、こころが訴えていること、はたまた、自分自身の五感が感じ取っていることを書いてみましょう。

客観的にそれらを見ることで、新しい視点や気づきがやってきます。次第に、こころも落ち着いていきます。

もうひとりの自分が人生に登場して、カウンセリングをしてくれるような感覚です。

書いている間に、はっと気づくこともあるでしょう。文字にした途端、自分とはちがう別人格が、紙の中に生まれます。

書きやすいように、リラックスするために、書き心地のいいものを探してみたり、かわいいシールや　マスキングテープ、スタンプを押してみるのもおすすめです。

ふっと気持ちがゆるむと、内側の声は聞こえやすくなり、その内側のエネルギーの流れをつかみやすくなります。

そこに、生きる上でのたくさんのヒントが、宇宙から流れてきているのです。

美味しいお茶でも飲みながら、綺麗に書こうとせず、好きなように書いてみてください。

書くと叶う、というのは、書くことで頭の中を空っぽにして、直感が受け取りやすくなったり、客観的に見ることによって、意識がそちらへ向いていく、ということなのです。

もし書けなかった日があっても気にせず、書きたくなったときに、自分がどう感じたか、をつづってみてください。あなたの文字が、いろいろなことを教えてくれるはずです。

きっと、いつもどんなときも護られていることに気づくタイミングがくるでしょう

私が好きなヨガに、片足で立つ「木」のポーズがあります。片足で立ってぐらぐら揺れていると、自然と体が真ん中を探します。そして、静かにそこにたたずむことができるようになります。

それを教えてもらったとき、こころも同じだな、と感じました。**揺れながら揺れながら、ときに崖から落ちながら、自分の真ん中を、こころは勝手に探し続けます。そのこころの動きを、「生きている」と呼びます。**

コツをつかんでくると、ズレたことに早く気づけ、元に戻ることも早くなります。自己一致できていない心地悪さを、すぐに感じ取れたら、自然とその心地悪さから脱出しようと願う自分があらわれます。

この世は、願ったことは、一ミリ違わず叶う世界。

なにかに気づく、それをしたいがために、こころが反応するようにできています。

安心してズレて、安心して戻って、安心して揺れて、揺れて、揺れてください。

きっと、いつもどんなときも護られていることに気づくタイミングがきます。

そうすると、安心が増えていきます。

自分自身の真ん中にある「宇宙」のエネルギーを感じながら日々過ごしていけたら、あふれる「ふと」というアイデアやひらめきに包まれ、自分らしく生きていけます。

ヨガの好きな言葉がもうひとつ。

「こころで体をだきしめます」

「体でこころをだきしめます」

というものがあります。

自分の中に　助けてくれる存在がある。自分の中に　癒してくれる存在がある。

自分に力が「ある」と信じれば、「ある」ものは増えます。

「ある」という視点から自分自身を見つめてみて、力をどんどん生み出していきましょう。

だれにも勝っていないし、だれにも負けていない。勝ち負けは存在していないのです

劣等感が強いと、何かの拍子で、優越感を求めてしまいます。自分のことをダメだと思うのは、勝ち負けがあるからです。

だれにも勝っていないし、だれにも負けていない。そもそも、勝ち負けは、存在していないのです。

大きな木が、隣に咲いている花と自分を比べるでしょうか。どちらがすぐれているか、競うでしょうか。

比べると地獄が待っています。

そもそも比べる必要がないよ、というお知らせがやってきます。比べれば比べるほど、自分が苦しくなってくるのです。

苦しくなってきたら、間違っているよ、というサインです。ただまっすぐに自分を見つめてあげましょう。

こころで100パーセント、感じてあげることが大切です。

新しい世界へ、勇気を出して動いてみる。人生が少しずつ変わっていきます

よくよく考えると、自分の顔は自分で見ることができないように、自分自身のことも、自分ではよくわからないものです。

それも、意識すれば見えてくるものですが、いつも忘れています。

もっと成長できるために必要なことや、悩みの解決方法は、自分では気づいていないところに原因があることが、とても多いのです。

つまり、深層心理が現実に大きな影響を与えていると言えます。

刺激をもらって気づく、それが人と人との関係性があることとの素晴らしさです。

新しい世界へ、勇気を出して自分から動いてみる。そうすることで、人生が少し

ずつ変わっていきます。

しっかり睡眠をとってやすんだら、動いてみる！　できれば知らない場所を、できればひとりで行ってみましょう。

そうすることで、自分の内側の変化に気づきやすくなります。

全ての答えは、自分の内側にあります。その答えに出会うために、動いてみると、反応する何か、があらわれてきます。

こころが反応すること、本当の自分に見せられたもの、聞かさせられたもの、そういったものの中に、自分が願ったことが叶うヒントや、自分が探していた答えがあるのです。

私はどうなりたいのかを、自分の内側に聞いてみましょう

お客様の中に、素晴らしい料理人さんで、面白い方がいます。野菜にどういう形になりたいか、どう調理されたいか、を聞いて、その通りに料理すると極上のものができあがる、というのです。

また、有名な音楽家は、できあがったメロディーに、どう編曲されたいかを聞いて、そのようにすると、ヒット曲が生まれるとおっしゃっていました。

私は、土地に聞いたり、テーブルに聞いたりします。記憶も意識もそこにあります。迷い猫をさがすときにも、地域の猫に頼んだり、公園の木に伝言したりすると、猫が家に帰ってくることがよくあります。

そこに答えはあるのです。自分の答えも、自分の中にあります。自分の内側に聞

いてみましょう。原始的なやり方にたちかえってみましょう。

その答えに出会うためには、感覚を取り戻していくことです。こころを感じて、その感じる力で、答えに出会っていくのです。

冷静に生きるのをやめ、内なる情熱を取り戻し、すべての人が持つよろこびを復活させてみましょう。

そうすると答えやヒントが目の前にあふれていることが見えてきて、もっともっと生きやすく、軽やかに生きていかれます。

「ひみつのきもち」ノートを書いてみよう①

ひみつのきもちノートとは？

このノートは、自分と仲良くなるためのノートです。

自分と仲良くなるというのは、自分のこころの中を見て、自分のことをよく知るということ。

自分との関係性が良好だと、何をやっても人生はうまくいきます。

ひみつのきもちノートは、自分のこころの中をそのまま映し出してくれる、いわばこころの鏡です。

人はだれしも、本当の自分と出会いたいもの。

本来の自分を見失ってしまったときも、ノートを書くことで軌道修正ができるので、いつでも自分の中心に戻ることができます。

このノートは、本当の自分に戻るための、そして本来のパワーを発揮できるようになるための、格好のツールなのです。

ほかにも、ノートを書くことで得られる宝物は、たくさんあります。
一つ一つ見ていきましょう。

ひみつのきもちノートで得られるもの

願いが叶うスピードが速くなる

行動を変えようと思っても、意識を変えないと、何も変わりません。でも、頭の中が変わると、行動が自ずと変わり、自分の望む未来を引き寄せやすくなっていきます。

自分の気持ちを表現できるようになる

このノートは、自分の気持ちを表現するのが苦手な人にこそ、おすすめです。「なかなか自分の気持ちを言葉にできなくて……」という方も、ノートに書くと自分のこころの内側を出しやすく、書いてみてはじめて出てくることや気づきがたくさんあります。

　自分の本当の気持ちを知る喜びは、何ものにも代え難いもの。

　人は、自分の気持ちがわからないと不安になりがちですが、逆に自分の気持ちがわかるだけでも、ホッとするものです。そうすると、人にも自分の気持ちを伝えやすくなります。

ひみつのきもちノートを書くときのポイント

とにかく楽しんでやることが、なによりも大事!!


　楽しくないと、つづきません。お気に入りのノートやお気に入りのペンを使ったり、可愛いシールや、ふせんなどを貼ったりして、楽しい！　というエネルギーを沸かせましょう。

　こころの中を表に出すこと、そしてそれを客観的に見ることで、たくさんの気付きと変化が得られます。

人に見せたくないときは、一人で書いてもOK

何人かのグループでやる場合は、お互いのノートを回し読みして、赤ペンでコメントを書き入れてあげましょう。大事なのは、お互いのことを応援し合う気持です！

❶その日の中で、「自分のこころに響いた出来事」を書く

例えば、きれいな虹を見た。お昼に食べた御飯がおいしくなかった。１０年ぶりに友人と街でバッタリあった。

★★★★★

❷その出来事を通して、自分の気持ちがどう感じたのか、思い浮かぶことを書く

　虹を見た→これから良いことが起きそうでワクワクした。お昼ご飯がおいしくなかった→おいしくないことを体験できる、健康な体に感謝が生まれた。

★★★★★

2章

人間関係について

こころを開ける場所、安心して発言できる場所をまず、見つけましょう

今を生きる人たちには、辛さがあります。がんばって手に入れた「学歴」や優秀なスポーツの「結果」が、思ったように役にも立っていない、とどこかで感じています。

何が評価されるのか、わからない。だれが評価するのか、わからない。未来の見通しも、わからない。

ＳＮＳが発達して、リアルが映し出されるようになり、テレビ、ラジオ、新聞はなんだったの？　と、それらにかかっている「フィルター」に、多くの人が気づき始めています。

真実はどこにあるのか、なにを目標に生きればいいのか、学校でいう「先生」と

は社会において、だれなのか、だれのいうことを聞けば安心できるのか、がんばってもがんばっても、報われるのかどうかわからない。しあわせが手に入るのかどうかも、わからない。生きるとはなんなのか……。そんなことを　ふと考えてしまう人もたくさんいます。

そんなときは、ぜひ「コミュニティ」に入ってみてください。それは、行きつけの喫茶店のマスターと仲良くなることでもいいし、整体院の待合室で出会う人と会話してみることでもいいし、好きなこと、価値観が似たような人と交わってみるのです。

家族や、会社、職場といったコミュニティとは別に、新しい世界に身を置いてみる。そこで出会う人たちや、情報に、救われることが、きっとあります。いくつものコミュニティに入ってもいいし、そこをいつ抜けてもいい。

こころを開ける場所、安心して発言できる場所。
それをまず、見つけましょう。
日常生活の中に、必ずそんな世界は存在しています。

あなたが見つけるだけ。そして、飛び込んでみるだけ。こころを開くところと、
閉じるところを使い分けるのです。

孤立することなく、孤独を楽しめる世界。この本も、ひとつのコミュニティです。

人はそれぞれ「ちがう」もの。「ちがい」をおもしろがってみる、愛しいと思ってみる

同じ「人間」とか、女性、男性、20代、30代といったように、何かの条件が重なったとき、人は、「おなじ」と思ってしまいがち。

でも、人はそれぞれ「ちがう」ものです。たとえば、サプライズが好きな人もいれば、苦手な人もいる。一緒にいることが好きな人もいれば、苦手な人もいる。予定変更が得意な人もいれば、苦手な人もいるのです。

「ちがい」を知ったときに、ショックを受けたり、かなしくなったり、残念に思ったり、自分や相手を責めたりしてしまうことはありませんか？

それは、自分と「おなじ」だと期待しているからです。

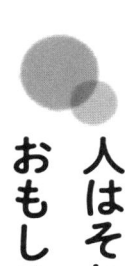

みんなそれぞれ。みんなちがいます。だからこそ、その「ちがい」を明確化することで、パズルのピースのように一枚の絵ができあがるのです。

「ちがい」をおもしろがってみる、愛しいと思ってみる、そうして繋がることで、世界は広がっていきます。

まずはお互いを知ること、そして違いを認め、ゆるし、尊敬しあえたら、自分の人生も、チームや会社も、繁栄していくようにできています。

一人一馬力。そうなったときに、世界は、不協和音から調和へと入っていくのです。

100%のうち、10%の気持ちでもあやまることができると人間関係が楽になります

人間関係がうまくいかない人の特徴。そのひとつに、「絶対にあやまりたくない」があります。まじめなのです。

こころの中を霊視すると、こころの底から「あやまりたくない」と思っています。100%自分が悪いなら、あやまります。でもそうじゃないならあやまりません、という思考回路。そういう人は「あやまる」というハードルが高すぎるのです。

100のうち、10でもあやまるべきことがあればあやまる。それができると、人間関係が楽になります。

つまり、相手が悪い、と言い続け、相手を責め続ける。自分の中に、正しく細か

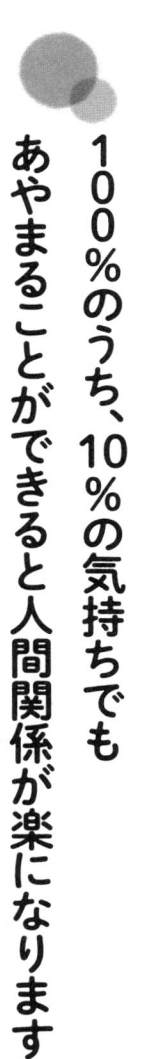

く伝えたいという気持ちがあるなら、あやまりたくない、という可能性が高いです。
そこが理解できたら、「あやまる」ことがもっと身近になり、気持ちが楽になります。

「あやまれ」と言われているわけではないけれど、「あやまる」ことができるようになると、人間関係がゆるやかになるからです。

あやまったら、負け。
あやまったら、この世の終わり。
あやまったら、自分の価値がない。
あやまったら、ここにいられない。
あやまったら、自分が間違っていることをみとめなければならない。
あやまったら、自分が最低、を受け入れることになる。
あやまったら、生きていけない。
あやまったら、すべてにおいて、自分がまちがっていたということになる。

あやまったら、かっこわるい。
あやまったら、はずかしい。
あやまったら、くやしい。
あやまったら、自分が責任を取らなければいけない。

そんな思い込みを手放してみたら、新しい視点ができます。手放すと新しいものが手に入るのです。

人間関係は、もっと気楽でいいのです。そしてあやまられたら、ゆるしてみると人は不完全なものです。だから愛しいし、それでいいのです。また、新しい世界が広がることもあります。

ゆるすと体がゆるみます。体がゆるむことは自分自身にとって正解です

私が幼い頃から徹底的に教えこまれていた、大切な家訓があります。私は霊感が強すぎるために、人が言われたい、言われたくないに関わらず視えてしまうことが多すぎて、言いたくない、を選択することもありました。それを言わなければならないのに言わなかったときには、「ダメだよ」という知らせがきて体を壊してきました。

私はストレスを感じようと思えば、いくらでも感じられる霊感体質。相手が「怒る」ときは図星なときです。当たれば当たるほど、反応して怒ります。喜ばれるのは10回に一度あればいい方です。

私が視えるときは、本人が違う方向に行っているとき。思い通りにしたい人にと

って、私は邪魔者でしかありません。

人のこころも当然視えます。ニコニコしている人のこころの中。しあわせそうな人のこころの中。それをジャッジすることなく、ただ「視える」のです。

良い悪いは、人によって違います。状況や環境、そのときのコンディションによっても、沸き起こる感情はさまざまに変わります。

だから、「ゆるしなさい」と言われてきました。「ごめんなさい」と言われたら、ゆるさなければいけない。

わざとしたことでなければ、ゆるさなければいけない。

かんちがいされても、怒られても、ゆるすことを徹底してきました。ゆるすと、自分の体がゆるみます。体がゆるむことは自分自身にとって正解です。

ただそれだけをずっと言われてきました。私はそのことに対して、こころから感謝しています。

ゆるしたくない、そう思った瞬間に、今は亡き、偉大な霊的思想家であった、祖父の声が聞こえてきます。

祖父は、親戚関係はもちろん、たくさんの人からの相談を受け、解決する役割を担っていました。

お金の相談、人間関係の相談、霊的な相談、会社経営の相談……。その祖父が、かわいがってくれていた私に、ただひとつだけ、くりかえしくりかえし、優しく言い続けてくれていた言葉……。

それが、「ゆるしなさい」です。

ゆるしたくない、その思いもいい。

でも、人はどこかで、いつかゆるさないといけない、とか、ゆるしたら自分が楽になるだろう、ということをわかっているのです。
私が大好きな沖縄の人たちは、遅刻してきた人のこともゆるします。だから、自分もゆるされる。あるよね、という感じ。気楽です。

ゆるさない、という感情は、自分自身の中に生まれるエネルギーであり、それは自分自身に一番大きく影響します。

相手の行動は、自分もすること。おたがいさまなのです。

本当に思っている言葉を口にするとき、その声はたましいとつながります

泣く、怒る、それだけでは、実は何も伝わっていません。泣いていい、怒っていい、だからそれを言葉にしてみるチャレンジをしてみましょう。

「言葉にしたい」

そう願って、あきらめずに、もがきつづけることで、いつか言葉にできるときがきます。

言葉にできると、腑に落ちることが多くなります。人間関係とは、「そんなこと考えていたの?」といいたくなるような、誤解や勘違い、思い込みのオンパレード。

言葉はあいまいなもの。なんとなく身近な大人から習った、あいまいなものなの

です。
かなしい、と言っても、かなしいが何かは、人それぞれちがいます。今、という言葉も、人それぞれ、どれくらいかが、ちがいます。だからこそ、もめるし、おもしろいのです。

それをすりあわせすることで、相手のことがよりよくわかるようになり、わかり合えるよろこびを感じる瞬間が増えていきます。

「ありがとうございます」
「よろしくおねがいします」
「申し訳ありません」

そんな定型文ばかりでなんとなく過ごしていると、しゃべる力は養われません。
「そんなことまで言うの？」ということまで言葉にすると、だんだんコミュニケーションがとれてくるようになります。
「うまく言葉にできない」
「今、言葉をさがすから待ってね」
「正しく伝えられないけど、頑張って伝えるね」

うまく伝えられないからこそ、自分を知ってもらおうとすること、相手のことを知ろうとすることこそが、愛、と呼ばれるもの。

自分が本当に思っている言葉を、口にすることができたとき、その声はたましいとつながり、最高の響き方をします。その響きが奇跡を起こしていきます。

猫がのどを鳴らすゴロゴロが、猫の骨折が治るのを早めたり、人のこころと体にとってもいい影響を与えるように、その最高の響きを持つ声は、自分にも他人にも奇跡を起こしてくれるでしょう。

それぞれの声が、本来の響きを取り戻し、素晴らしい調和の音、波長となれば、この地球という生命体も、宇宙という存在も、きっともっと輝きを取り戻し、それが人にも動物にも、植物にも、大地にも、空気にも光にも闇にも、いい影響を与えてくれることでしょう。

それこそが、人の持つ素晴らしきパワーなのです。

別れは、ない。いつだって会える。いつだって感じられる

別れとは、本来、存在しません。幻想です。

なにをもって、別れというのでしょうか。会わないことが、別れでしょうか。どちらかが先に死ぬことが、別れでしょうか。

思い出せば　そこにその存在はあらわれています。


いつだって　会える。

いつだって感じられる。

別れは、ない。

別れることは、できないのです。

そうはいっても、別れを感じ、別れが辛いと感じるときには、新しい出会いがもう目の前にやってきて、その出会いのために、別れという出来事がきていると感じてみてください。

イメージは人生を創り出します。一見、マイナスにみえるような別れも、見立てを変えるとプラスに見えるもの。

そうすることで、今のこころが楽になり、見えなかったものが見えてきたり、聞こえなかったものが聞こえてきたりして、より自分らしい人生となっていくでしょう。

自分にとって一番の友だちは自分。その上でこころから信頼できる人がひとりでもいれば幸運です

友だち１００人できるかな、という歌があります。

友だちを作らなければ、友だちが多くなければ、という焦る気持ち、ありませんか？

何もかもが不便だった時代、いろいろなことで助け合わなければ生きていかれなかった時代は、必要だったでしょう。

でも現代は、水道もあるし、電気もある。一人でも生きていけます。

そんな今、友だちは果たして、必要でしょうか。自分にとって、一番の友だちは、

自分です。

自分とまず、友だちになる。仲良くする。

その上で、こころから信頼できる人が、ひとりでもいれば、それは幸運と呼ぶべきことでしょう。

自分を捨てて、結果を捨てて、だれかを救ったとき自分の奥深くに癒しが起こります

まずは　自分のことを満たし続けましょう。そうして、自分が満タンになったとき、自然と、周りに目がいくようになります。

そのタイミングは、自分の持つ愛、パワーが大きくなった証拠です。自分を捨てて、結果を捨てて、だれかを救ったとき、その相手の喜びが自分に共鳴し、自分の奥深くに癒しが起こります。

自分が褒められたい、認められたい、そんな気持ちがなくなるくらい、内側が満たされていると、だれかのために、というパワーがとても強くなります。

そして、自分が落ち込んだり、苦しかったり、出口が見えないときに、だれかに

声をかけたり、こころを向けて行動したりすると、自分がだんだん元気になってくることに気づくでしょう。

自分が助けて欲しいときには、だれかを助けるのが一番早い方法です。
助ける人が、助けられる人。
応援する人が、応援される人。

出したものが返ってくるのが、この世の法則です。

生きづらいと感じたら、本来の自分の姿ではないかも知れない、と思ってみてください

いつも理想のだれかを演じている。
親に気に入られる自分。
社会の中でほめられる自分。

特に、否定されながら育ってきた人は、否定されないように、違うだれかを演じています。ひどい言葉や暴力、訴えても無視されたり、過干渉や、比較、からかわれることで、こころが傷ついてしまった経験があると、気に入られようと自然に頑張ってしまいます。

そして異常に疲れ、考え方がマイナスになり、結果も出せない、悪循環に陥りま

す。私のお客様にも、

「お母さんが看護師さんになれなかったから、私はずっと看護師になりなさいと言われ続けてきました」

とか、

「お父さんが医者だから、医者になるために医学部を何浪もさせられました」

といった、本人の気質や特徴、そして何より大事な本人の意思、気持ちを無視した、価値観の押し付けの話をよく聞きます。


不器用だったり、成績が悪かったり、仮に親の夢を叶えたとしてもうまくいかなかった、と頭ではわかっているのに、どこかで申し訳ないと自分を責めてしまう。

それが今でも続いていると、会社などでもお母さんと上司を重ねて、言葉を曲解して受け取り、人間関係がうまくいかないことが多々あります。


どうせ認められない、どうせ愛されない、いつもなんだか虚しい。私は否定される存在、と思い込んでいるとそんな風に言葉が聞こえてくるし、そんな世界に感じてきます。

生きづらいと感じたら、今、本来の自分の姿ではないかも知れない、と思ってみてください。

そこに気づくと、人は必ず変われます。

「わかる」と「変わる」のです。

――

自分が演じている理想を手放し、ありのまま、そのままの自分を見つめて、そこに意識を向けていきましょう。

意味のない人間関係はありません。だから、自分を責めるな！ 堂々と生きていればいいのです

「私でごめんね」と思っていませんか。

「お父さん、私でごめんね」「お母さん、私でごめんね」「娘よ、私でごめんね」

「息子よ、私でごめんね」


もし言葉にしてみて、涙が出たり、なにか反応が生まれたら、、そんなあなたに言います。それはぜんぶ勘ちがいです。はっきり断言できます。意味のないことは起こらないし、意味のない人はいないし、意味のない人間関係はありません。

だから、自分を責めるな！ 堂々と生きていればいいのです。

だって、人間なんだもの。一所懸命生きているからこその、いざこざ、トラブル。だれにだってあるものです。清廉潔白、聖人君子なんてこの世に存在しません。

どんな過去も、あなたがそのとき一生懸命に生きた証です。胸を張って、どしっと構えて、めいっぱい、太陽の光を浴びてください。

雨の音を感じ、湿気を味わい、月の光に癒されてください。だれにも遠慮することなく、あなた自身を存在させてあげてくださいね。

3章

家族・子育てについて

育てられないなら子どもはさっさと手放してください

出産は、大きな交通事故にあったときのような体へのダメージがあります。そんな出産後、体がボロボロな女性が、慣れない世話をし続けるのが子育てというなら、それは地獄です。

精神的にも、体力的にも、ギリギリの中で、今にも壊れそうな、大切なものを守っていくのは、毎日、プレッシャーとの戦いです。

みんなで育てていた昔とは違い、今はひとりでなんでもしなければならない時代。私のところにも、相談がたくさん押し寄せます。

私の夢は、ひとつの山を買って、親のいない子、親から捨てられた子とみんなで暮らすことです。

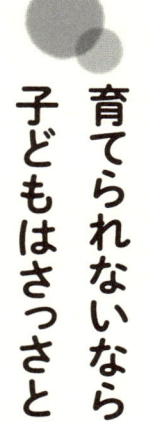

そこには動物もたくさんいて、畑もあって、田んぼもあって、花も咲いていて、どんな人生の人も一緒に暮らせるコミュニティです。

誤解を恐れずに言います。

子どもを叩いてしまいそう、殺してしまいそう、一緒に死にたくなる、かわいいと思えない……。そんな思いに駆られるのなら、

「さっさと子どもを捨ててください」

ある保健師さんも言っていました。

「さっさと、子どもを手放して!!」

手放してくれなければ、こちらはなにもできません。連れ出そうものなら、誘拐になってしまうからです。

子どもにとっては、大きい声を出されることも、苦しいことです。でも私は、大

きい声を出すことでしか子育てができない親にも、同情します。**育て方を知らないのです。親自身も、そんな風にしか育てられていないのかもしれないですね。**

各市町村や都道府県の保健師さんに連絡して、「子どもを手放したい」と伝えたとき、「よく言ってくれましたね!!」と言ってくれる保健師さんを探してください。

「もう二度と会えなくなりますよ」
「ちゃんと育てられないんですか?」
という保健師さんも、残念ながら存在しています。そんな人は無視して、気持ちをわかってくれる保健師さんを探してください。

あなたの味方は必ずいます。あきらめず、くじけず、さがし求めてみてください。

子育てはコミュニティのみんなでする。よりたくさんの人に関わってもらえばいい

以前、虐待を見かけたとき、とある虐待通報窓口に連絡したら、「お母さん（＊私はお母さんではないのに）、そんなことはよくあることなんですよ」と年配の男性になだめられました。

虐待通報窓口が、成立していないと感じ、他の方法で解決したことがあります。

すべての人が有能ではありません。やっつけ仕事で対応している人もいますし、相談者との相性もあります。

自分のこころがホッとする人と出会えるまで探してください。子どもにとっても、親にとっても、ベストな道が必ずあります。

子どもたちには、親と暮らせなくても悲しまなくていいと伝えたい。それが当たり前なんだと、こころから安心してもらいたい。

同じ環境の子どもたちが集まり、そこに子どもと暮らせなかった親たちがいれば、新しい家族の形が生まれるはずです。

親だから、子どもだから、親戚だから、そんな肩書きを超えた、新しい家族が、今この時代には必要です。

まず、頭の中を変えてください。無駄に傷つく必要はありません。子育ては、コミュニティのみんなでする。よりたくさんの人に関わってもらう。

ひとりで子育てをすると「ノイローゼ」になりがちなのは、「その必要はないよ、ひとりでしちゃだめだよ」というサインです。

ひとりで子育てできる人もいるでしょう。
でも、できなくて当たり前。むしろ、できないからこそ、どうしたらいいかを探すのです。

一昔前までは、近所付き合いがあり、ひとりの子どもが歩いていたら、その子の親は、何という名前で、どんな出会いで結婚し、どんな仕事をして、最近の体調はどうか、おじいちゃんとおばあちゃんはだれで、どんな生活をしているのか、地域全体で共有されていました。
その距離の近さが、また別の悩みを生むことは当然ありますが、メリットもまた存在していました。

今は　どうでしょう。同じマンションのエレベーターに乗っている子どものことでさえ、どこのだれかわからない。
それどころか、「むやみに挨拶しないようにしましょう」といった貼り紙があったりします。

子育ては、義務ではありません。苦手な人もいます。できない自分をゆるしてあげてください。

そうしたら、助けを求める気持ちになるかもしれません。

人生とは出したものが返ってくる。助けを求めれば、だれかがキャッチして救いの手を伸ばしてくれるもの。

ひとりで抱え込んで共倒れになるよりも、新しいやり方にチャレンジしてみましょう。

すべての人は、叶える力を持っているのです

経済的に豊かなビジネスウーマンが、子育てをちゃんとしなかったことを悔やんだりしていることがあります。

悔やむ必要はありません。

そのときそのとき、どんな人もベストを尽くしているのです。他の人と比べる必要はありません。あなたにとって、それが最高の子育てだったのです。

あなた流の子育てを、一所懸命にしてきたのです。大きな規模の人を動かしているビジネスウーマンが、たったひとりの子どもの世話に集中したら、子どもはつぶれてしまいます。

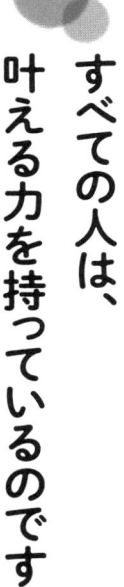

子どもにとっても、母親にとっても、それが最善だったのです。

すべてにマル、です。


あなた自身を、あるがままそのまま、見る。なにかの物差しで自分をはかるのをやめる。

人がうまくいかないと感じるときの多くは、理想を無理やり自分に押し当てて、相反するようなことを願っているものです。

自分の中の矛盾に気づくと、本当の「願い」が見えてきます。今、あなたはすべての願いを叶えているのです。

だから、その願いを本当の願いに変えるだけで、あなたの人生は、あなたのカラーに塗り直されていきます。


すべての人は、叶える力を持っているのです。あとは願うことを見直すだけ。

願うときには、世界の正解、常識的な考え、親から教えられてきたこと、世間体やこうしなければならない、というおそれをすべて横に置いて、自分を自由に解放してみてください。面白いように願いがスルスルと叶っていくでしょう。

あなたの願いは、なんですか？　こころの奥底をのぞいてみましょう。

子どもは親の持ち物ではありません。子どもは親の面倒を見る存在でもありません

「家族」とは、昔、よく知っていた人、くらいに捉えていると楽になります。どうしても自分と相手の境界線が見えなくなりがちなのが、家族というもの。

こころの距離が近いために、トラブルも大きくなりがちです。

生まれ育った家族にとらわれすぎて苦しんでいる人は、たくさんいます。テレビや新聞で流れるニュースや事件も、家族間のトラブルが多いものです。

子どもは親の持ち物ではありません。

子どもは親の面倒を見る存在でもありません。

でもなぜか、遠慮もなく、気を遣うこともなく、ズカズカと土足で相手のこころに入っていってしまいます。

そして、深く傷つけあってしまうのです。

外で感じたストレスを、家族に発散しているケースもよくあります。

家族は大事。それはそうです。

でも、「大事にする方法」がもっとたくさんあってもいいのです。

お互いに心地がいい距離を探したり、「また来世で会おう！」でもいい。


自分のこころが納得すること、それに自信を持ってください。

離れることが、必要なときもあります。離れることで、傷つけ合わずにすむこともあります。

お母さんの仕事は、お母さんにしかできないこと。それはつまり、「産むこと」です。ということは、それ以外のことは、お母さんの仕事ではないのです。


産んだら、おわり。

産んだら１００点満点なのです。

血のつながりだけを重視する家族ではなく、ここにいたい、と望む新たな家族と生きればいい

離婚して、置いてきた子どもと半年ぶりに会ったら、子どものアトピーが治っていた、離婚したら自分の喘息が治った、離婚した途端、つぶれかけていたお店がV字回復して大成功した、といった話は山のようにあります。

飼い主のこころや体の状態をペットが映し出すように、子どもと親も、影響し合っています。

一緒にいるからしあわせになれる、血が繋がっているから分かり合える、というわけではありません。気が合わない親子関係も存在します。

不思議とそういった場合には、他人との関係の中で、深い愛を感じる経験をすることがあります。

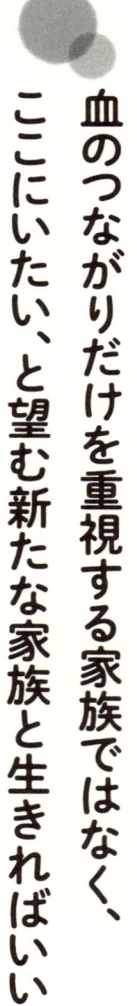

この世界は、あったかい世界。世界は想像しているよりもはるかに、優しいものなのです。たくさんの愛が溢れているのだから。どの愛とご縁があるか、果てしなく楽しみにしていたらいいのです。

これからの時代は、新しい枠組みの「家族=コミュニティ」が生まれる時代です。血のつながりだけを重視する家族ではなく、居心地がいい、ここにいたい、と望む家族とともに生きていけばいいのです。

もっと自由に、自然と自分らしくいられる空間に、身を置いていいのです。

ずっと親の言いなりになるのではなく自分らしく、自分を貫いてみることも大切です

子どもがお箸を持って、目の前のうつわを叩いたとき、あなたならどんな反応をしますか？


Aさんは、親御さんからとてもほめられました。

Bさんは、親御さんからとてもおこられました。

子どもは、親にほめられたい、とのぞみ、自分の行動を変えていきます。

それが子どもにとって、のちのち、自分らしさをなくすことになったり、自分のパワーを落とすことになったり、才能が見えなくなったりすることにもつながっていきます。

Aさんをほめた親は、プロのドラマー。

そして、Aさんも大きく活躍するドラマーとなりました。

登山家がそこに山があるから登ってしまうように、目の前に棒と叩けるものがあれば、叩いてしまう。それが、その人の持つ才能のあらわれです。

環境がちがえば、同じ行動でも、才能を見出してもらえたり、ダメだとやめさせられたりすることがあります。

ほめるなら、すべてをほめましょう。

自分の価値観を子どもに押し付けているかもしれないことに気づけたら、子どもとの関わりも、変わってくるかもしれません。

自分の才能を否定され、育てられた子どもたちも、親から怒られそうなことをすることで、成功することもあります。

ずっと親の下に入って、親の言いなりになるのではなく、自分らしく、自分を貫いてみることも大切です。

動物もおなじ。そもそも、しつけは必要ないのです。しつける条件も内容も人によってバラバラで、なにをしつけと呼ぶのかも、曖昧です。

いったん、親からの教育を手放し、あるがままの自分をさらけだしたとき、自分自身の才能がキラリと光るかもしれません。

自分らしさを見つける旅に出てみたら生きることがもっと楽しくなるでしょう

「いい子」と聞いてどんな条件を思い出しますか？

言うことをきく子が、いい子？

だまっている子が、いい子？

明るくて元気な子が、いい子？

好きなことに没頭しない子が、いい子？

空気が読める子が、いい子？

怒らない子が、いい子？

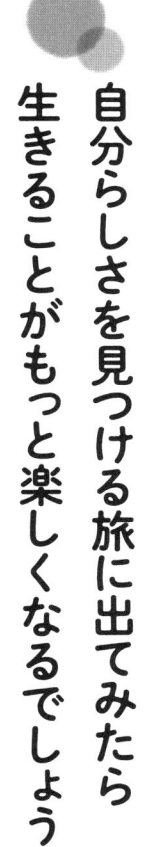

わがまま言わない子が、いい子？

統制しやすい「社会の一齣《ひとこま》」であることが、いい子とされています。上の指示にだまって何も考えずに従う、運動会の行進で、足並みをきっちりそろえる。

よく考えたら軍隊の練習のようなものが、いくつも組み込まれています。

「起立、礼、着席」ときいて体が思わず動いてしまうなら、何も考えずに命令に従う、という刷り込みが相当深く入っています。

みんな同じことをしなさい、
みんなと同じ反応をしなさい、
こういうときには泣きなさい、
こういうときには笑いなさい、

ということを自然と教え込まれてきてしまい、自分が一体だれなのか、が見えなくなっていると、生きることがつまらなくなってしまいます。

いい子である、と評価されることは、みんなが理解できること、であり、だれかが想像できること、であり、これまでにも存在していること。

評価されないこと、の中には、だれも理解できない、だれも想像できない、あたらしいこと、が含まれています。

いい子の枠をはみ出して、自分らしさを見つける旅に出てみたら、生きることがもっと楽しくなるでしょう。

家族の関わりの中で、相性はそれぞれ。どう生きるか、どう在るか、もっと自由でいい

すべての人のこころの中には、光があります。だれかの愛情が、だれかのこころを開いて、その光を出してくれる。

そして、その光が、またださかの行く道を照らし、だれかのこころを照らす。

闇があるから光がある。だれのこころにも、闇があり、光がある。

どちらがいい悪いではありません。

闇がなければ、光もない。

家族間の相談が実に多いと感じています。家族のことは　人に隠しがち。それは、自分を守るためでもあり、家族を守るためでもあります。

隠せる時代。

昔は、近所付き合いや、集まりごとも多く、隠せませんでした。
でも、自分を守るだけで精一杯なこの時代。他人に意識を向ける余裕のないこの時代。
隠せる時代になったからこそ、家族の問題が、「ない」ように見えてしまうのです。

だれもが抱えているのが、家族の問題、とも言えると感じるくらい、家族、親戚、血のつながりの社会の中で、何もない人は、いないのです。

何もない人は、家族や親戚との関わりを断ち、さらにそれを、一切気にしていない人です。
相性は、それぞれ。どう生きるか、どう在るか、もっと自由でいい。

闇を知ったあなたは、あたたかく輝く光も持っているのです。
どちらを感じるのか、どちらを見るのか、それはあなたが決めていいのです。

学校に行かない子どもたちが互いに慰め合い、応援し合う保健室のような場所が社会にもあれば

ある日突然、子どもが学校に行かなくなりました。そんな相談をされることがよくあります。

まず、「何が問題ですか？」と聞きます。

学校に行かなかったら、就職できない。
学校に行かなかったら、お姑さんになんて言われるかわからない。
学校に行かなかったら、夫から母親である自分のせいだと怒られる。
学校に行かなかったら、家にいられて困る。
いろいろな理由が出てきます。

私自身は、体調不良で学校に行けない子でした。

朝起きると、霊媒体質のために、いろいろな人のエネルギーを受けすぎて、なまりのように体が動かないことがよくありました。

今でも、朝起きると、自分の体調を確認するクセが抜けません。

学校に行っても　保健室へ直行。そこで寝たきりのような毎日を送っていました。

保健室には、保健室の世界があります。いつも同じような人が、そこにはいるのです。

成績が優秀すぎて、学校がつまらないと感じ、それがストレスになっている人。

お父さんが著名な人で、家に帰るとそのストレス発散で暴力三昧。だから帰りたくない、と嘆いている人。

字が書けない、算数ができない、勉強ができなくて、クラスに入りたくない人。

担任の先生と合わなくて、いつも怒られている人など、そんな人たちで、保健室チームが自然とできあがっていました。

悩みがあれば慰め合い、何かができるわけではないけれど、なんとなくお互いを応援し合う。

これは学校の保健室だけでなく、社会の中でも、似たような人たちが集うだけで、なぜかこころが癒され、元気が出るものです。

学校に行かない、と決めた人たちが安心して眠れる場所を作る。そうすれば、世界は平和になると確信しています。

自分を取り戻したくなったら、親からの解放を決めましょう

顔を見れば、

「宿題やったの？」

「あいさつしなさい！」

「返事は？」

「なんでできないの？」

「ちゃんとしなさい」

「わがまま言わないで」

「おねえちゃんなんだから我慢しなさい」

「泣かないで！」

「怒らないで！」

「迷惑かけたらいけません」

「ほら、みんなが見てるでしょ！」

「あなたには無理」


そんな言葉を毎日毎日投げかけられて育ってきたら、ほめられるために、認められるために、生きてしまうでしょう。

そして、ほめられず、認められず、いじけて、すねて、イライラ、チクチク、そんな自分で生きていると毎日が楽しくなくて、無気力で、やらなければいけないことを探して、聞き分けをよくして、ありきたりの定型文でしゃべって、適当な笑顔をふりまいて、こころはどんどん閉じていきます。


感情、という存在さえ、もう見失ったことにも気づかない。窮屈な世界の中で、たったひとりで生きている虚無感……。

自分を取り戻したくなったら、まずは、親からの解放を決めましょう。

もう私はだいじょうぶ。

親がいなくてもだいじょうぶ。

だれかにほめられなくても、だれかに認められなくても、こころが喜ぶことをしよう！　と決めてみるのです。

そうすると、だんだん自分を取り戻してきて、勝手に問題が解決していることはよくあることです。

問題も解決も、自分が生み出すもの。親の教えの中で生きていることに気づけたら、まずは、自分をそこから自由にしてあげましょう。

義務感で親子で一緒にいるなら、「こうすべき」を手放してみてください

親の面倒は、子どもが見るもの。親族のもめごとは、全く連絡を取り合ってなくても、親族同士で補い合うもの。

そういった「連帯責任」システムは、すでに過去のものです。

一つのテレビを家族みんなで見ていた時代、はたまた、地域みんなで見ていた時代は終わりました。

一人で、いつでも好きなときに、どこでも手元で見られるYouTubeなどＳＮＳがメインの時代です。

すでに生きるために助け合わなければ生きていけない時代は過ぎ去りました。

現代は、交通網が発達し、連絡手段がスーパースピードになり、食べ物も豊富にあります。

生きていくためのものは、揃いすぎるくらい揃っています。

本来、動物の子育ては自然に巣立っていくもの。そうして子孫を残していくものです。

一緒にいたいなら親子でいつまでも暮らすのもいいですが、そうではなく、義務感でいるなら、「こうすべき」を手放してみてください。

どちらにしろ、もめます。であれば、自分を大切にして、好きに生きることを選んでみてください。

私の知人に「大富豪のお嬢様」がいますが、出産前にご両親から、「子どもを生んでも、子どもに人生を捧げてはいけません」と教えられたそうです。

まず、自分の人生を生きること。「自分らしく」生きることで、大切な人たちにも、エネルギーを分けてあげられる、ということを、実体験でおわかりなのです。

彼女は、一歳の子どもを日本に置いて、海外へ留学に行っています。大富豪だから、家族に恵まれているからできるのではなく、そういった気持ちだから、そんな環境がやってくるのです。

また、自分がしたいと思ったことをやることで、環境は整ってきます。

いつまでも何かにしがみついて、次の人が座るべき椅子に座りつづけていると、その椅子から引き摺り下ろされるようなことがおきます。

「たましいの椅子」に座りつづけましょう。

これから、どう生きるか、それを選択する時代。いくつもやり方があることを知ること

いつも何かを考えていなくてはいけない、いつも何かに取り組んでいなくてはいけない、そんな強迫観念にとらわれて、空の青さや、海の波が寄せては返す奇跡や、風の温度、雨の音で、こころも体も浄化されていくことを感じ取ってはいけない、と思い込んでいる人がたくさんいます。

今、この瞬間の感覚を見逃すことは、とてももったいないことです。
そこで生み出した気持ちがエネルギーとなり、未来をつくっていきます。

楽しんではいけない、
楽をしてはいけない、

喜んではいけない、
何かをしたい、と思ってはいけない。

やりなさいと言われたことをただ、文句を言わずにやることがいいことであり、それができる人が、褒められる人、認められる人。

そんな教育が、生まれたときから刷り込まれていることに気づいてみてください。

人と違うことに対して、変わり者！　と言われる、悪目立ちする、だから普通にならないといけない、とがんばってしまう。

普通なんてないのです。


欧米なら、自分が言いたいことはなにか、を教育されます。自己主張の世界です。自分の意見をまず出す、自分の意見があるのが当たり前とされます。

私のお客様で、ヨーロッパで出産、子育てをされた方がいますが、その国では、自己主張することが、評価の半分をしめる、とおっしゃっていました。

だから、日本人夫婦だとどうしても、それを教えられず、自己主張が弱い子どもになってしまい、評価されなくて……。

と、お悩みでした。まさに日本社会とは真逆です。

これから、どう生きるか、それを選択する時代。いくつもやり方があることを知ることです。

そうすることで、生き方が変わっていきます。だれかの生き方を真似してもしあわせになれるかどうかはわかりません。

大事なことは、それが自分らしいかどうか。ただそれだけです。

ひみつのきもちノートを書いてみよう②

P52のコラムにあった「ひみつのきもちノート」の書き方のポイントにそって、次のテーマについて「今の自分が感じたこと」について書いてみましょう。

❶今、自分が感謝していることを10個書いてみましょう。

寝られる場所があって感謝、猫と一緒に暮らせて感謝、愚痴を聞いてくれる仲間がいて感謝など

★★★★★

❷自分の褒めポイントを３つ見つけてみましょう。

ハードルはできるだけ低い方がいいです。「こんなこと普通じゃない？」と感じることこそ褒めてみましょう。（メールを返したこと、電車に乗ったこと、起きたこと、寝たこと、まんがを読んだこと、ダラダラ過ごせたこと）一つ一つ見ていきましょう。

★★★★★

4章

しあわせについて

しあわせ、と思っている人は、「安心、安定」の世界に、不幸、と思っている人は、「不安、心配」の世界にいる

「しあわせ？」「しあわせじゃない？」

それはあなたの見立て次第です。しあわせだ、と思っている人は、「安心、安定」の世界にいます。そこはほっとして、リラックスできて、視野が広くなる、感覚の世界です。

私が「ふと」と呼んでいる、「ひらめき」「アイデア」が降り注いでくる場所でもあります。

逆に、しあわせではない、と思っている人は、「不安、心配、比較、競争」の世界にいます。

そこは、体も冷たくなり、ストレスを感じ、視野がせまくなる、頭で考える世界

です。

人は、その二つの世界を行ったり来たりしながら、バランスをとり、毎日を生きています。

どちらの世界に長くいるか、どちらの世界を中心にするか、それはあなたが自由に決めていいのです。

好きなものは自分のこころを助けます。「好き」だからがんばれる、「好き」だから前へ進める

自分の好きなことに没頭することで、自分をすぐに取り戻せます。自分が好きだと感じることは、人によってさまざまです。だから細かく、自分の好きを見つめてほしいのです。そして、他人の好きなものに、とやかく言わないこと。自分のことを言われても、気にしないことです。

好きなものは、自分のこころを助けます。生きているといろんなことがある。大切な人を亡くしたり、病気になったり、思いがけないショックなことが起きたり。

そんなとき、自分を救ってくれるのは、自分が好きなものです。

「好き」と感じる不思議さに興味が湧き、人を霊視するときに、深く読んでみたことがあります。

「好き」と思わされている。そこに気づきました。大いなるものに生かされている。守られているのです。

「好き」だから、がんばれる。「好き」だから、前へ進める。

「好き」こそパワーなのです。遠慮せず、「好き」を大切にしてくださいね。

週に一度、冒険の時間をひとりで体験しよう

週に一度、行ったことのない場所に行ったり、やったことのないことをやってみましょう。
ドキドキする冒険の時間を自分に与えてみるのです。

いつもは車で走っている道も、歩いてみることで見えてくる景色があります。

ぜひ、その冒険の時間は、一人で体験してみてください。だれかといると、どうしてもその人に気を遣ってしまいがちです。
楽しそうかな、と気になってしまったり、逆に楽しく盛り上がっても、その場のことを自由に感じられなくなってしまいます。

ひとりで存分に、冒険の時間を探検することがポイントです。この探検を続けるためのたったひとつのコツは、他の予定を入れないことです。

探検の予定を組んだら、その予定は動かさない。そうすることで、新しい刺激を脳にあたえ、ひらめきやアイデアも新鮮なものが降ってくるでしょう。

「心身が整う」ということは まさにゾーンに入っている状態

瞑想すると、「心身が整う」とよく聞きますが、どのような状態のことだと思いますか？

それは、「自分で在る」という状態のことを言います。
では「自分」とは一体、何を指しているのでしょうか。

だれかの前にいる「自分」？
ひとり部屋にいるときの「自分」？
頑張っているときの「自分」？
肉体を「自分」と呼ぶ？

何を指して「自分」と言いますか？

じつは、どれも「自分」であり、「自分」ではありません。まるで、般若心経の世界です。「自分で在る」というのは、まさにゾーンに入っている状態ともいえます。

何も考えなくても、体が勝手に動き、光の道が見え、こころも体もないように軽く、そしてそれらがうまくいく状態です。

その「整っている」状態で過ごすことができれば、宇宙の叡智とつながり、さまざまなアイデアにあふれ、広い視野が保て、高い視点で見ることができるのです。

まずは、リラックスすることです。委ねることが上手にできれば、楽しい気持ちが湧いてきて、それらを実行することで「よろこび」が生まれるでしょう。

「そのときの自分の精一杯をやればいい」と自分に許可するだけで、こころがふっと楽になります

ある芸能関係のお客様が、悲壮な顔をして相談にいらっしゃいました。

「先生、舞台で声が出なくなるかもしれないと思うと、夜、眠れなくなってしまいました」

と言います。

どんな人でも、困難が目の前に現れたり、ここぞというとき、プレッシャーにおしつぶされそうになるものです。

「そのときの自分の精一杯をやればいい」

と自分に許可するだけで、こころがふっと楽になります。

「もっと本気を出したらできる」
「自分はもっとすごいんだ」

そう思ってしまいがちですが、今の自分が、今の実力そのもの。それを許してあげることで、逆に自分の力を最大限に発揮しやすくなります。

そのくらい開き直ることで、ゾーンに入ることができます。想像もしていないような自分に出会うとは、そういうことです。

素を出して生きることを決めると、こころの声が聞こえるようになり、自分を出すことができるようになると、こころが満たされて生きることができます

私のお客様は、値札を見ない、世界中に家がある、ハイブランドのパーティーに招待される、といったような、セレブリティと呼ばれる方が、たくさんいらっしゃいます。

そんな方の共通点は、こだわりが強い、そしてそのこだわりを捨てるのも早い。こころに正直に生きていることです。何があっても動じないのです。

これが、「金持ちケンカせず」と言われている所以かもしれません。親とは仲良くしなければならない、墓を継がなければならない、自立しなければならない、迷

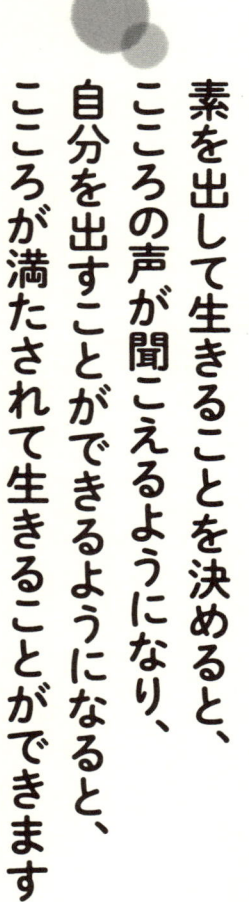

惑をかけてはいけない、正しいことをしなければならない、悪いことをしてはいけない、人に優しくしなければならない、といった、固定概念にとらわれていません。

それこそが、セレブの秘訣なのです。自分が自分にとっての、最高の理解者であることが、セレブになれる理由です。一般的な人と、見る角度が違うのです。見立てが違うことで、感じることが違うのです。

逆に言えば、見立てを変えることで、あなたの人生は劇的に変わります。

今うまくいっていないとしたら、しあわせを感じられないとしたら、見立てを変えてみる、をやってみてください。

事実に対して、解釈はいくつもあるのです。素を出して生きることを決めると、こころの声が聞こえるようになり、自分を出すことができるようになると、こころが満たされて生きることができます。

日本語とは素晴らしいもので、「懐《ふところ》」という言葉は、こころの中、という意味もあるし、所持金、という意味もあります。

つながっているのです。優等生を目指すのではなく、でたらめに、ろくでなしに、ひとでなしになることで、こころの中が満たされることもあります。

自分ひとりで、勝手にしあわせになってもいいのです。無駄なものは、こころの喜びをつれてきます。

こっそりでもいい、試してみてください。

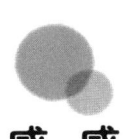

感じることは生命そのもの。感じることでしか得られないものがあるからです

これからの時代は、さまざまなものがＡＩに置き換えられ、仕事と呼ばれるものも形がどんどん変わっていったり、なくなったりしていきます。

その時代に、大切にされる唯一のものはなんでしょうか。
それは、人のぬくもりです。
人の持つあたたかさ、それだけはＡＩには生み出せないでしょう。

何年か前、仕事上で、本当に苦しく辛かったとき、ある企業の社長さんが思い浮かび、久しぶりに連絡を入れてみました。

何かを察知してくれた社長さんは、すぐに時間を作ってくれ、六本木のカフェで話を聞いてくれました。

そのとき、「大変だったんだね」と言ってくれた言葉で、せきとめていたものが崩壊し、思い切り泣きました。涙を流したことで、とても癒され、スッキリできたのです。私が感じたのは、言葉に乗っているエネルギー。目に見えないエネルギーこそが、愛そのものです。

何カ月も泣けなかったのに、その人の懐の深さに触れたとき、自分のこころがほどけたのです。愛の力はすごい！

人のあたたかさ、ぬくもりは本当にすごい力を持っています。

それを感じるには、コツが必要です。ここで、頭を外して、感覚を立たせる練習をしてみましょう。

まず、今のお尻の感覚を感じてみましょう。

硬いところに座っていますか？
座りごこちはいかがでしょう？
温度はいかがですか？

次に、昨日食べたものを思い出します。
さて、食べたものを思い出している間、お尻の感覚は感じられていますか？

両方同時に、できますか？
なんと！　できないのです。

そして、みなさんは、考えることだけが素晴らしいと教えられてきてしまったために、感じることをやめたり、抑え込んだりしている人がとても多くいます。

大きく変わろうとしているこの激動の時代だからこそ、必要な力は、「感じる」

ということです。

感じることは、生命そのもの。生命力は、どれだけ感じられたか、で決まります。

それは、感じることでしか得られないものがあるからです。

でも、それを感じてしまうと、お父さんやお母さんの期待に応えられないなど、だれかの理想とする姿からかけはなれてしまう……。

そのおそれから、感じることをやめてしまっている人が、本当に多くいます。

不安や心配があると、顕在意識が働き、リラックスすることができません。感じることができないのです。

私の仕事は、出会う人を安心させ、感じることをゆるす勇気を与えること。感じる力さえ取り戻せば、人はどんなこともできるようになります。

赤ちゃんは、感覚一〇〇%。潜在意識一〇〇%です。

だからきっと、キラキラ光るナイフが目の前にあればさわって怪我をしてしまう。さわりたくなる好奇心は、潜在意識そのものです。

成長し育つ過程で、ナイフはあぶないものだと覚え、扱いに注意し始めます。それが顕在意識と呼ばれる役割です。それが強くなりすぎると、考えすぎて動けない、ということが起こります。

たくさんの人と関わり、相談に乗ってきた中で、その人をその人の「真ん中に戻す」ことをしてきました。

私の持つ霊視と知識から、人を「真ん中に戻す」ことがとても早くなってきました。あなたも、この本を通して、自分自身の真ん中へと戻っているはずです。

自分の力を取り戻すことは、とても簡単なのです。

ヒリヒリするくらいの感覚を取り戻し、五感を通して感じることから、生きるよろこびを感じていきましょう。

だれかの振動を感じることで自分の振動になる。そうやって人は助け合って生きているのです

宮崎駿監督作品の『君たちはどう生きるか』を観ました。

あの作品は、ゾーンに入った人たちがゾーンのエネルギーを込めて作ったもの、と感じました。

ゾーンとは、サーフィンでいうなら「いい波に乗っている」状態です。海と一体化し、自然界と一体化し、そこに流れる作品の内容以上に、潜在意識、深層心理がぐるぐる掻き乱される快感をおぼえました。

その後、予感通り私の人生は、くるくると変化していきました。

深いところで　人と人とは繋がっています。だから影響を受け合います。すべては振動することで、繋がりあっているのです。

だれかの振動を感じることで自分の振動になる。

そうやって人は助け合って生きているのです。

自分がいい波から外れたときには、いい波に乗っている人にお裾分けしてもらいましょう。

だから、うまくいっている人に嫉妬の気持ちが湧いてきたら、「次は私だ！」というようにワクワクしてみましょう。

嫉妬する、という気持ちは、相手のいいところがわかる、という素晴らしい能力のあらわれです。

自分のこころが感じることを、自分自身が繁栄するように生かしていきましょう。

いったん、携帯電話を置いて、ゆっくりのんびり、ただ生きている状態にかえってみよう

とても便利になって、いろいろなことが可能になってきた現代。でも、なんとなく、それによって失われたことがあるような、そんな気がしていませんか。

アスファルトがしきつめられ、高いビルがそびえたち、ひしめきあうように家々が並ぶ。水道をひねれば　飲料水が出てきて、スーパーに行けば、なんでも売っています。季節を問わず、果物が手に入り、子どもたちのおもちゃも、まさに溢れるほどたくさんあります。季節によって、行動が変わらない、天気を無視していつも通り、が素晴らしいこと、とされています。とても不自然。

私たちの呼吸はどうでしょう？

体が緊張し、こわばり、ほっとするというより、不安定になってしまっています。

便利になり過ぎ、人も時間に追われ、効率化を求められてしまう。そんな中で、こころが「便利＝ロボット」になりきれず、壊れていってしまっている人たちがたくさんいます。

いったん、携帯電話を置いて、ゆっくりのんびり、「ただ生きている」状態にかえってみる。移動するのが難しい人は、イメージの中で、心地いい場所へ移動してみましょう。

目を閉じ、呼吸に意識を向けてみます。イメージの中で青空を眺めてみたり、目の前に広がる海を眺めてみたり、波の音に耳をかたむけてみたり、ジャングルの森の中へ入ってみたり、サファリでライオンを見たり、南極でペンギンを見たりするのもいいでしょう。

自分自身の好きな世界へ、五感を使って行ってみると、一瞬で癒しのエネルギーが内側へ広がっていきます。

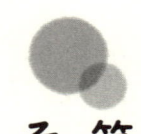

笑う練習をしていきましょう。そして、笑う自分を取り戻しましょう

楽しむことも練習が必要です。

私の会に参加された方が「こんなに笑ったのは生まれて初めてです！」と、よくおっしゃいます。
それくらい何も考えずに、笑えなくなっている人が、すごく多いのです。

笑うということは、祓《はら》う、ということ。
お腹の底から笑うことで、溜まっていた余計なものがどんどん吹っ飛んでいきます。

営業スマイルばかりでは、どこかになにかが溜まっている感覚がぬぐえません。

いつのまにか、「笑い飛ばす」ができなくなってしまっていませんか？

笑う練習をしていきましょう。
そして、笑う自分を取り戻しましょう。

自分が笑うタイミングと、だれかが笑うタイミングがずれても気にしない。
それぞれ「好み」がちがいます。

育ってきた地域や家庭、自分が持っている五感、それらが違うのだから、なにをどう面白いと思うかは、人それぞれで当然です。

でも、人と合わせなければならない、と思い込んでいると、自分が笑うことさえ、できなくなってしまいます。
同じものを見ても、自分の見え方と他人の見え方はちがうのです。

だからこそ、この世界は面白い。違いを認め合えることができたら、こんなに楽しい世界はありません。

人の感覚から生まれる芸術を、楽しめるこころであるためには、自分自身が芸術を生み出しながら生きていくことです。

自分に余裕があると、その余裕が生んだスペースに、さまざまなものがはいってきます。

まずはそのスペースを作る意識を持ちましょう。

今、この瞬間、なにも変えなくてもしあわせなのです

目は外を見るように顔についています。だから、意識しないと、外側ばかり見てしまいがちです。
内側は、意識しなければ見えません。

頭がしゃべっていること、こころがしゃべっていること、それらを見よう、聞こうとしなければ、内側は見えてきません。
その感じている中にしあわせは存在しています。なぜなら、しあわせとは「感じる」ものだからです。頭とこころと行動がつながれば、とてもパワフルになります。

「本当はこうしたいな」

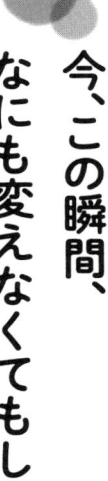

「でも、難しそう」
「やっぱり、そうしたい」
と、自分の頭がしゃべっていることを丁寧に細かく見ていくと、その中に願いが隠れていることに気づきます。

そして、その願いに気づけば叶っていきます。本当の願いしか叶いません。

頭で願っていることは、叶いません。こころから願うことで、パワーそのものである感情が、願いを叶えていくのです。

自分の人生は変えなければならないもの、と決めていると、苦しいものです。
今、この瞬間、なにも変えなくてもしあわせなのです。

「そのままでいい」
「あるがままでいい」

それを受け入れることは壁があるかもしれません。でも、それらを受け入れられれたら、「どんな自分でも、どんな現実でもしあわせ」となることができ、今の自分にパワーを与えることができます。そしてそこがスタート。いくらでも創造していけます。

可能性は無限大、というこの世の法則を感じられます。

今の自分じゃダメだ、ダメだ、と思っていると、疲れて、気力も体力も削られていきます。

まずは、自分を元気にすること。自分次第で、いかようにも人生は変えていけるのです。

5章

人生について

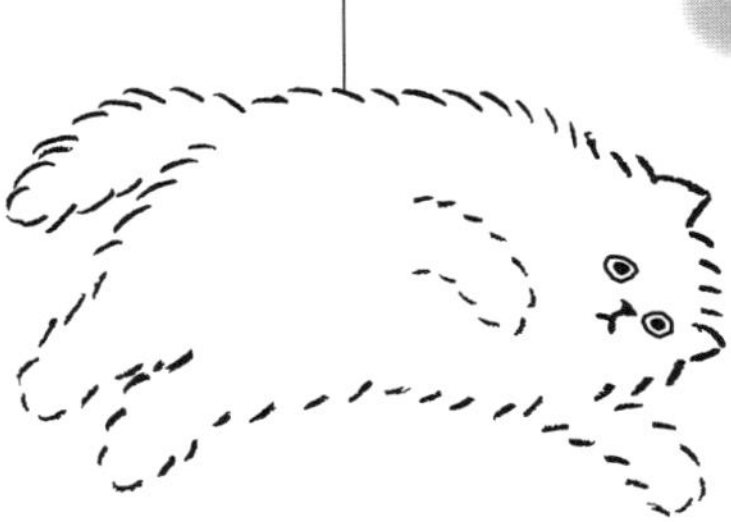

どう生きても、あなたの人生はあなただけのものです

いつからか、「効率化」をもとめて、「仕組み」をつくり、無駄のないように、と生きてきた気がしませんか？

追われて追われて、一体どこまで走らなければならないんだろう。どこかで止まってもいいんじゃないか。どこかで道に迷ってもいいんじゃないか。どこかで夜更かししてもいいんじゃないか。どこかで寝坊してもいいんじゃないか。こころのかたすみに浮かぶそんな思いすら、なかったことにして、見ないふりをして生きてきた気がしませんか。

ロボットのように、同じ言葉で話し、同じ顔で笑い、疲れた顔はだめ、すべてコントロールしてきたのではありませんか。

どこかのだれかの理想に向かっている支配下で、一抜けしたい人が、ちらほら出てきています。

「無駄」の中で生きると、こころが蘇ってきます。モノクロだった世界に鮮やかさがかえってきます。

「これをやってなんになるんだろう?」
「これをやっても失敗するかもしれない」

そんな、自分が損をするように感じることに、勇気を出して飛び込んでみると、これまでとちがう景色が見えてくるかもしれません。

どこかに行かなくても、何かを変えなくても、頭の中を変えることで、一瞬にして世界は変わっていきます。

私の知っている「大富豪」「成功者」と呼ばれる人たちは、「1日に2時間、絶対に漫画を読む」「どんなに忙しくても眠いなと思ったら昼間でもすぐに寝る」「毎日大好きなゲームを少しでもやる」といったように、仕事や、やらなければならないことを、ちょっと横に置いて、こころが喜ぶ時間を必ずとっています。

そうしてまずエネルギーを整えることで、そのエネルギーでたくさんのことを叶えていくやり方は、何より効率的なのです。

どう生きても、あなたの人生は、あなただけのものです。

親のためでもない、社会のためでもない、会社のためでもない、家族のためでもない、あなただけのものです。

そう思ってみると、こころの隙間に、さわやかな風が吹き込んできて、その心地よさで、ぐっすり眠れるかもしれません。

あなたに素晴らしい眠りがおとずれますように！

人生は、あなたが言った言葉の通りに、進んでいきます

名前を呼ぶ、ということは、そのエネルギーを投げるということです。

自分の生活や状態のことを、なんと名づけて呼んでいますか？

名づけたように、その人の生活や人生はつくられていきます。うまくいっていない、と感じるなら、逆に「私の人生はうまくいっている」とか、「私にはお金がある」とか、自由に名づけてみてください。

ふさわしい呼び方にすることで、呼ぶ側のエネルギーと合わさり、必要なパワーを届けることができます。

言葉の力、波長、波動。

それらで自分の意識を変えることができるのです。

人生は、あなたが言った言葉の通りに、進んでいきます。

本当はどう思っているのか、本当は何をしたいのか、それらに気づくための「現実」が起こります。

さらに「現実」の中で「こころの動き」がどんどん湧き上がってきます。

自分が反応するその相手は、あなたが本当はしたいことをしているから、あなたの内側が反応しているのかもしれません。

それは、本当のあなたが「頑張らなくていいのに頑張っているよ」と教えてくれているのかもしれません。

本当の自分を見つめるそのきっかけが、あなたが今、生きている「現実」なのです。

自分を見つめると、自分が望んでいることが出てきます。
望んでいることが出てくれば、自然と人はそれに向かうものです。

意識したものへと、現実が進んでいけば、あなたの人生は、とても楽に、そして楽しくなっていくでしょう。

全部を楽しむ。空の天気とおなじ。晴れがあって、雨があって、くもりがある

もう、感情の波を感じたくない。
こころが揺れることをもう体験したくない。
おだやかな日々がほしい。

たとえば、うれしい、楽しい、しあわせ！　それ以外は、いらない。
そんな風に思っていると、心地よくないと思い込んでいる感情がやってきたときに、大きくマイナスに反応してしまいがちです。

全部を楽しむ。
楽しむ練習をする。

空の天気とおなじ。

晴れがあって、雨があって、くもりがある。それらがグラデーションになって、天気、があります。

気持ちもおなじです。困って閉じて、うまくいかなくなります。でも、困って閉じたら、新しい気づきが鍵となり、新しい扉が開くのです。

そうすることで、もっともっと軽く楽しく生きていけるのです。

ルールが苦しいと感じたらいったん、逃げて休んでいいのです

「逃げる」のは、マルですか？　バツですか？
最後まで　やりとげなければならない、一度決めたら最後までやるものだ、勝つまで逃げない、嫌なことから逃げたら、もう楽しんではいけない……。

このように、いろいろなルールが自然に刷り込まれています。このルールが苦しいと感じたら、そのルールは手放す時期にきています。

逃げることが必要なときもあります。そのとき逃げたことは、また追いかけてきて、自分の人生に再び登場してくるでしょう。

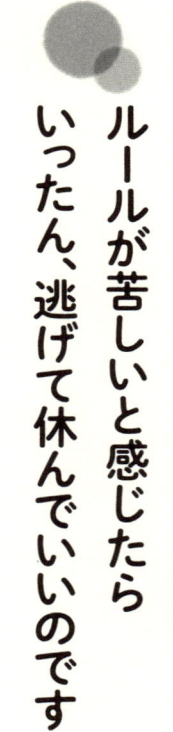

自分の性質は変わらないから、どこにいようが、その課題はやってくることでしょう。

でも、いったん、逃げて休んでいいのです。自分の殻に閉じこもって静かに時を過ごしたい、それをゆるすと、生き延びられます。

よく、引きこもりの人に対して、「逃げたのだから良くない、逃げずに社会に出るべきだ！」と言い、部屋から無理やり出して、社会になじませようとするケースがあります。

そんなことでは、なにも解決しません。

引きこもることは、本当にダメなことなのでしょうか。

その人の起こす問題は、解決できないことなのでしょうか。

徹底的な愛は、必ずそれを解決させます。助けを求めたり、仲間を信じたり、プロの力を借りたりして、最善の解決へゴールした人たちがたくさんいます。

だれひとりとして、悪者はいません。ひきこもりの人々を、まるで犯罪者扱いし、「こころ」を見ずに形だけ変えようとすることは、すべての現代問題の根源を見ている気がするのです。

いったんは逃げても、少しずつ自分が信じる道へ進めばいいのです。信じる道を生きるために、人は生まれてきたのです。

今をみとめて知ることができれば、勝手に願いが出てきます

「みとめる」という意味。

「みとめる」は見えないからわかりづらいもの。

「みとめる」ってなんだろう？

よく言われます。


「みとめる」とは、確かにそうだと判断すること。

そうかもしれない、と思えたら、そこにスペースが生まれ、そのスペースに入ってくるもので、人生は変わっていきます。

みとめることで、今を知ることができます。

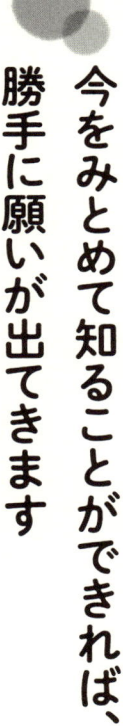

今を知ることができれば、「そのままでいたいか、なにかを変えたいか」勝手に願いが出てきます。

また、どんな風に変えたい？
願いが出れば、意識がそちらに向かい、現実の中にたくさんのヒントが見えるようになり、願いが叶う方に進んでいきます。

今を、ただまっすぐ見ることで、自然と自分自身の真ん中に立つことができるようになるのです。
それはとても心地よいもの。深く呼吸できる、あなたの居場所です。

「探そうと意図すること」がとても大切です

人生を生きていると、「八方塞がり」に感じるときがあります。

「私の人生、終わった」と思うような状況になっても、必ず、出口はあります。

おみくじの「凶」という文字は、上があいています。そう信じてみると、出口は見つかるものです。


探すと見つかる。

それは、パッと開いた雑誌に書かれた言葉かもしれないし、テレビから流れてくる音楽かもしれないし、喫茶店で隣の人が話していることが、ふと耳に入ってきた内容かもしれません。

五感がキャッチすることは、「護られているから見せてもらえている、聞かせてもらえている、感じさせてもらっている」のです。

だから「探そうと意図すること」がとても大切なのです。

「これに対する答えがほしいです」

と意図することは、答えを手にする一歩なのです。

災い転じて福となす。

転じさせてみると、気づきや、しあわせをもたらしてくれることが、人生の中には悲しみや苦しみの顔をして存在しているのです。

今、たとえ苦しみの中にいても、必ず出口はあります。そして、その苦しみが必要なことだったと受け入れられたとき、新たな自分、より自分らしい自分として、生きていくことができるのです。

いろいろなことをゆるし、認めたとき助け合う意識が生まれる

狙いを定めたら、そこに向かっていくのが人の意識というものです。でも狙いを決められない人が多いのも事実です。

「女性だから」
「母親だから」
「妻だから」
「会社員だから」
「健康のために」
「長生きしなければ」
といった、さまざまな常識や、こうすべきという考え方で、自分の人生をあきら

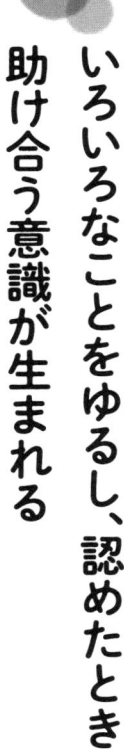

めている人が多くいます。

私は、地方に住んでいたので、子どもを置いて、都会へ出稼ぎにいく人たちをたくさん知っています。

それは悪なのでしょうか。

残った地域の人たちが愛をもってサポートし合えたら、残された子どもたちは、こころに傷を負うことはなくなります。

親も子も人それぞれ。自由であっていい。それが自然なことで当たり前である、という考え方が浸透していけば、世の中はもっと生きやすくなります。

多様性の時代と言われて久しいですが、いろいろなことがあっていいし、いろいろなことがあるのが人の世界。それをゆるし、認めたとき、助け合う意識が生まれてきます。

そうではなく、競争する意識が染み付いていると苦しいのです。負けないように、負けそうになったら、相手を蹴落とさなければ、という恐怖がおそってくる。そうして、奴隷のように人と人とが分離し、恐怖の中で生きるように、頭の中やこころの中をコントロールされ、大切なものを置き忘れてしまっているのです。

お手本のとおりに生きることがしあわせだ、と思っていると、お手本がない生き方に身を投じることが、本当のしあわせへとつながっているのか、迷ってしまいます。

自分を信じ、自分のこころに従うことを決めてみてください。そうすることで、お手本を見るクセがはずれ、もっと自由に自分の未来のビジョンを思い描けるはずです。

問題と解決はレベルアップしながら、繰り返し起き続けるもの

こころを安定させようと思うと、無意識に「我慢」することになり、ストレスがどんどんたまっていきます。

自分の内側をみていきましょう。

「我慢」も「ストレス」も意識してみなければ、気づくまでに時間がかかります。そして、気づいたときには、すでに病気になっていたり、経済的にうまくいかなくなっていたりします。

自分の内側にすべての答えがあります。

断捨離と同じです。捨てたあとのスッキリ感や、自分が必要だと思うものに囲ま

れるしあわせ感が、断捨離を楽しくしてくれます。
楽しむ、面白がる、それが学ぶコツです。
環境を変えたり、時間をあけたり、いろいろなことをしても解決しなければ、また同じことが起きてきます。

必ず、解決できます。そして、問題と解決はレベルアップしながら、繰り返し起き続けるものです。

ただ淡々と問題提起をして、事実確認と現状把握が済んだら、原因を探し、工夫と対策をしましょう。

またうまくいかなければ、現状、原因、対策、実践、検証を繰り返すのみです。
波打っているこころを真っ直ぐにさせようとすると、どこかで無理が生まれ、ストレスがたまり、いつも何かを気にし続けながら生きることになります。

そうすると目の前の景色も見えない、葉っぱのこすれる音や、大地を踏み締めたときのパワーも感じられないでしょう。エネルギーの循環が起きず、枯渇してしまいます。

頭で何かを考えているときには、感じることはできないものです。
「しあわせ」は、感じるものです。感覚を立たせておくためには、とにかくリラックスすることです。

そのためには、悩みや、困っていることには意味があることを知り、そのメッセージを受け取り、即解決！　あるのみです。

自分の内側にある素晴らしいパワーに気づいてください。

今、自分に不要なものを手放すと自分がどんどん楽になります

生まれてから今日を迎えるまでの中で、つちかってきた自分、つくりあげてきた自分を壊し続ける。手放し続ける。

毎瞬毎瞬、今、自分に不要なものがないか、自分のエネルギーを見張りながら、いらない、と感じたものを手放すと、自分がどんどん楽になります。

「頑張ってきたものがなくなる気がする」「これまでやってきたことが無駄になる気がする」そんな気持ちごと、手放してみるのです。

もし必要だと感じたら、また手に入れればいいのです。

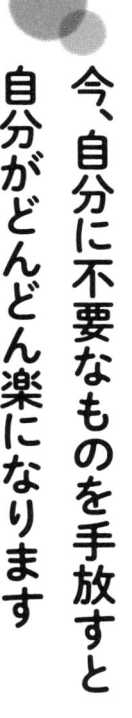

もっともっと人生は、気楽でいい。
もっともっと人生は、自由でいいのです。

破壊と創造。
それをどれだけ細かくこころに沿って行うことができるか……。
自分らしくいるために、自分のエネルギーを見つめ続けましょう。

成功している人がなにを基準に判断しているのかを知れば、決める力を手にいれることができます

AだからB、BだからCではなく、そのときの判断は条件によって変わってきます。条件をどれだけ見極められるか、なにがどれくらい見えているのか、それはその人の洞察力や経験値、感覚の強さで変わってきます。

判断力がある人は、考える時間が短いので、「迷う＝魔が寄る」と呼ばれる、ストレスの時間が短いのです。

だから、頭の中をクリアにすることができ、クリアなところに降ってきた「ふとしたアイデア」を確実にキャッチできます。

成功している人がどう判断しているのか、なにを基準に判断しているのか、つま

り決めているのかを知ることができたら、決める力を手にいれることができます。
きっとあなたの人生に、ストレスを感じる時間がぐっと減ることでしょう。

成功者と呼ばれる人たちは、意外と泥臭いことをやっていたり、損にみえることを、損を抱える覚悟で飛び込んでいたり、いつも要領よく器用に生きているわけではないのです。

自分を生きるということは、ときに鈍くさく、ときにバカらしく、ときに成長からかけ離れていることもあるのです。

それらをいかに楽しめるか。そこにこそ、ワクワクするエネルギーが潜んでいます。

「利他」を達成するためには、自分自身が元気でなければ、何もできません

だれかのために動くこと。それは素晴らしいことです。

「利他《りた》」という言葉があるように、周りのことを考え、思いやりに満ちたその考え方、生き方は、賞賛されるべきものです。


「困っている、助けて欲しい」

そんなだれかの言葉に、底知れぬパワーが出るのも、人類共通です。


でもその「利他」を達成するためには、まず自分の力が必要です。自分自身が元気でなければ、何もできません。一人ひとりのパワーが全開であることが必要です。

みんな、自分を守ることで精一杯なのが現状です。

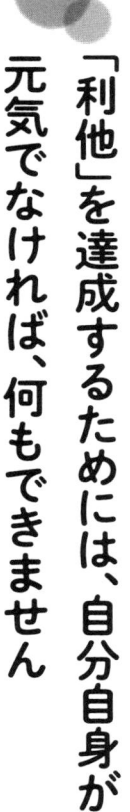

人は、動物です。自然と見える世界の中に、食べ物があると、安心するもの。小川に流れる綺麗な水、キラキラ輝く太陽、曇り空の柔らかなエネルギー。こころが落ちつく、最高のヒーリングミュージックである雨の音や、柿の木、栗の木、麦畑、田んぼ、大根の葉、里芋の葉……。

そういったものが視界に入っているだけで、無意識＝潜在意識が安心するのです。

それなのに、都会の景色はどうでしょう。

空は狭い、田んぼはない、小川はない、ネオンの光で星のきらめきがかすむ、人間が生きづらい世界。

助け合わなければ生きていくことはできないのに、「自立」して、「自分のことは自分でやる」ことが素晴らしいとされ、「甘え」は許されず、「責任」は自分でとらなければなりません。また、一度失敗した人は、なかなか再チャレンジできない。

だから大きなことができず、小さくまとまる人が増えています。

プレッシャーや同調圧力の中で、だんだん右にならえと、隣ばかり見て真似をする。

はみださないように、失敗しないように、リスクを負わないように……と、小さく小さく生きていくようになってしまうのです。

その小さささでは、「利他」の精神を実践できません。

何があっても大丈夫！　という安心感の中で生きることが、人の視野を広くし、視点を高くし、パワーを大きくしてくれます。

自分がなにを意図するかによって、見えるものは変わってきます

まず自分のことを考えましょう。自分に愛を贈るのです。
その上で、利他精神で生きる。それが本当の意味での利他なのです。

自分が意図したものが見えています。
犬を飼い始めた途端、世の中にたくさんの犬が散歩を始めます。
赤い車を買いたい、と思った途端、世の中にたくさんの赤い車が走り始めます。
そうして、人はアンテナを立てたものが見えるようになっています。

同じ道を歩いていても、「レストラン」ばかり見えている人もいれば、「病院」ばかり見えている人もいれば、「パチンコ店」ばかり見えている人もいます。

道案内をするときに、「あの公園を曲がって」「あのパチンコ店を過ぎて」と言われ、「え？　そんなところにあったかな？」と思う人もいるでしょう。

人はたくさんの情報から、自分に必要なものを選んで、手に入れているので、自分がなにを意図するかによって、見えるものは変わってきます。

当然、出会う人も変わってきます。私は絶対にうまくいく、と思っていれば、そのような情報がたくさん入ってきます。

痩せると決めた途端に、そのような情報が入ってくるでしょう。

何を思っているか、どんなことを信条として持っているか、その証拠集めが、あなたの現実の中で行われているだけなのです。

諸行無常
永遠に変わらないものはないということです

すべては変化します。

諸行無常とは、世のすべてのものは、移り変わり、生まれては消える運命を繰り返しながら、永遠に変わらないものはないということです。

どんなに苦しいことも、時間が経てば薄れていくもの。

社会の良いと思っていたものが悪になったりすることがあります。その逆も、しかりです。

絶好調に見える人も、カリスマと崇められている人も、一生、光の世界に住み続けられるとは限りません。

いま、どん底でもがいている人が、一夜にしてスターになることもあります。良いことも、悪いことも、しあわせも、不しあわせも、同じ状態が永遠に続くことはありません。宇宙の流れを意識しはじめたら、それが見えてきて、おもしろいように流れに乗り始めるでしょう。

変化の中でゆだねて、それを楽しんで生きると喜びが生まれます。

さらに、すべては喜びであることに、あなたの本質が気づいていくと、生きることが楽しく、楽になっていくでしょう。

ひみつのきもちノートを書いてみよう③

❶自分のどこにバツをしているか？ 探してみましょう。

たくさん出てきても落ち込む必要はありません。バツの数だけ大きく変われるポイントゲット！　ワクワクの気持ちで探してみましょう。（遅刻をしてしまう自分、食いしん坊の自分、わがままな自分など、これをプラスに変換してみてください。）

すべてにマル!がしあわせに生きるコツです。

★★★★★

❷助手席の自分になんと言ってもらいたい？

運転席の自分が、力む言葉、緩む言葉、それぞれあると思います。なんと声がけをされたときが、運転しやすいですか？（「自分の好きにやっていいからね」「いつでも助けるからね」「私も一緒に行くよ」など）

★★★★★

6章

愛について

大好きと思うほど、こわくなって離れてしまう。そんなとき、自分を愛おしいと抱きしめましょう

男女間でも、親子間でも、友だち同士であっても、「大好き」と思えば思うほど、恐怖が襲ってくる人がいます。

それはしあわせに慣れていないからです。

こんなうれしい時間はきっと長く続かないだろう。
こんなしあわせな時間があるということは、悪いことがきっと起こるだろう、という思い込みから、不安なほうを見てしまい、勝手に傷ついてしまいます。

そんな自分を見せて嫌われるのがこわくて、自分から離れてしまうのです。

そんなとき、自分のことを愛おしいと抱きしめてみましょう。まずは、自分をゆるすのです。

そうすることで、自分のこころが楽になる方へと、世界は勝手に進み始めます。

だんだんと自分の行動パターンが見えてきて、自分の何かが変わっていくはずです。

こころが苦しいときはなにかに気づき、自分に合っていない気持ちや行動を、手放すチャンスがきているときです。

本来、見るべきは自分自身です

愛されよう、愛されようとすると、相手ばかりに意識がいって、自分がいなくなります。

本来、見るべきは自分自身です。

相手を通して自分を見る、仕事を通して自分を見る、恋愛を通して自分を見るのです。

見えてくるのは、自分でしかありません。相手を見ていると、実は相手とはそもそも見えないものなので、不安、心配の中に入っていってしまいます。

親に愛されるにはどうしたらいいんだろう?

パートナーに愛されるにはどうしたらいいんだろう?
それらは幻想で、すべては、自分自身との関係のあらわれです。

ですから、それらを手放したとき、自分とつながり、自分が満たされ、自分を生きていけるのです。
だからこそ、見るべきは「自分」です。

自分の感覚、を見ていきましょう。
今、どう感じているのか。
今、自分はどう言いたいのか。
今、どうしたいのか。
「自己一致」させることで、こころも体も軽い、気楽な世界がはじまります。

結婚してもいいし、離婚してもいい

大好きな人と結婚した途端、想像していた日々とちがうとなげく人がいます。それは当たり前。

結婚した途端、現実が始まるからです。

結婚とは、「生活」なのです。

結婚する前、結婚したら夢の国に住んで、夢のような生活が始まる、と期待する人は多くいます。

こんなはずじゃなかった！　と思っても、結婚を続けたいと思ったなら、新たな視点、気持ちを持ってみるのも楽になるひとつです。

期待するのをやめる、求めすぎるのをやめるのです。

いったん、結婚したら、添い遂げなければならない、というプレッシャーを手放すと、気が軽くなる人は多いはずです。

また、結婚して何年も経ってくると、お互いに変化していきます。合う、合わないも当然出てきます。

そこでまた、自分のこころと相談しながら、決め続けていくのが人生です。

離婚しても、結婚してもどちらでもいい、というこころの状態は、人を軽く、ほっと安心させてくれます。それは、自分のこころに正直になることであり、自然に生きることだからです。

そもそも、今のような結婚制度がはじまってから、100年とちょっとです。この概念とシステムが果たして、現代の人間社会に合っているのでしょうか。

すべては自己責任だからこそ、すべてが自由なのです。

恋愛は、自分を成長させてくれます。

隣の夫婦に合わせるのではなく、比べるのでもなく、自分なりの心地の良い夫婦関係を探してみましょう。

相手と自分の「境界線」を引くことが、とても難しくなるのが、恋愛の世界です。恋愛も、生きる上でのひとつの学びのテーマです。

自分を知ること、コミュニケーションをとること、さまざまなことでこころが動き、自己成長を遂げることができます。

恋愛なんてもうしたくない、と思っている人でも、また自然と始まってしまうのが、恋愛というもの。気づいたときには、恋に「落ちて」しまうこともあるのです。

恋愛は、自分を成長させてくれます。不安になったり心配になったりしたときには、自分に夢中になること。そうするとあなたのオーラは輝き素敵な恋愛が進んでいきます。

愛とは、どこにでもあるもの。あふれているもの。苦しいことも、悲しいことも、辛いことも、寂しいことも、すべてが、愛です

愛とは形なきもの。
「これが愛ですか？」と言いたくなることも、愛。
すべては愛なのです。

人は死んだあと、肉体から離れたときに、それに気づきます。
「こうするべきだ」と決めつけてしまうと、愛が見えなくなってしまいます。

愛とは、どこにでもあるもの。あふれているもの。
苦しいことも、悲しいことも、辛いことも、寂しいことも、すべてが、愛です。

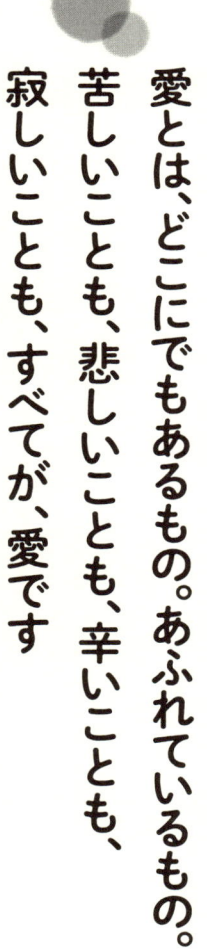

「こう生きたい！」とのぞむことを応援してくれない親は、愛がなかったのでしょうか。

「それがあったから、今がある」と思えたなら、応援してくれないことも、必要だったのです。

そういう役回りをしてくれた親も愛に見えてくるでしょう。

すべての人は愛に導かれ、愛に包まれ、生きていきます。

死の瞬間でさえも、愛がやってきて、愛に抱かれ、肉体から離れるのです。

7章

お金と仕事について

お金は奪い合うものではなく、与え合うもの。あくまでも、自分が与えて終わり

「お金は、減るもの」という考えの人は、「お金は、奪い合うもの」という考えに陥りがちです。

自分のお金を人に使うとき、余計なことを考えがちです。人に使ったお金のことを、いつまでも覚えていると、自分の頭の中が自分の望みではなく、「人に使ったお金」でいっぱいになります。

その人がそれをどう使おうが関係ありません。あくまでも、自分の人生の主役は自分です。「自分のお金」を、「自分が使いたいように」使っただけです。

そこで終われば、自分の気持ちが楽です。

お金は奪い合うものではなく、与え合うもの。
あくまでも、自分が与えて終わり。

空気はつながっています。
だれかが吐き出した空気を、だれかが吸い込む。
お金も同じです。
エネルギーもつながっています。

人のよろこびを、自分のよろこびのように感じられると、自分のよろこびが増えます。

人のかなしみを、自分のかなしみのように感じられると、人生はより豊かになります。
お金は、よりよい人生を学ぶツール。

単なる道具にしか過ぎません。

一流の職人にとって、道具は命。

そこに命をふきこみ、磨きに磨き、丁寧に扱います。

お金は自分を苦しめるもの、という「呼び方」「概念」を手放し、自分がより豊かになれるもの、という意識を持つと、お金から愛される人生になるでしょう。

これからの時代は、楽して楽しんでいる人にお金が集まってきます

お金、という言葉を聞いてパッと浮かんでくるものが、あなたのお金に対する思い込みです。

不安、心配、恐怖とつなげているか、安心、よろこび、ワクワクとつなげているか、によって、お金が連れてきてくれるものが決まります。

お金は汚いもの、お金の話をするのははしたないこと、そんな固定概念がお金への重たい思考を作り上げてしまいます。

その重さにおしつぶされて、自由にお金に触れられなくなってしまっているのです。

「お金は減るもの」

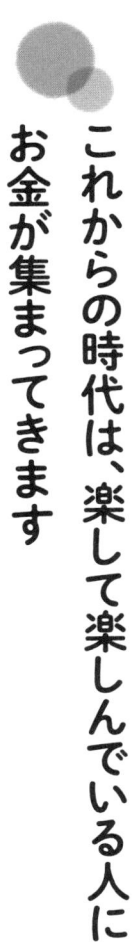

「お金は使ったら減る」

「お金の入り口を決めている」

「お金は苦労して稼ぐもの」

「お金の稼ぎ方をさがしている」

といったように、お金に対して持っている思いは、その通りの現実をつくっていきます。


「お金を稼いでいないと、自分に価値がない」

「楽して、楽しんで、稼ぐのは無理」

と思い込んでいるあなたは、その現実を引き寄せているでしょう。

これからの時代は、楽して楽しんでいる人にお金が集まってきます。


神様がそういう時代をつくりたい、と願ったとき、そういう人たちにお金を流していくからです。

楽して、というのは、こころも体も軽い状態ということです。

稼いでいる人と、稼いでいない人を分けたり、そこに優劣、上下をつけていると、自分に強烈なプレッシャーを与えていることになります。

適度なストレスやプレッシャーは、奮い立たせる起爆剤にもなりますが、強すぎるのは過剰刺激になり、身動きが取れなくなってしまいます。


私と長い付き合いのお客様は、性格も、学歴も、見た目もスタイルも、全く関係なく、みんなお金持ちになっていきました。

ただ、自分をみとめて、自分を活かして、やりたいことを思う存分やっただけ。

そして　稼ぎたいと願って行動しただけです。


夢中は努力に勝ります。今ここにある好奇心に夢中になっていたら、願っているものはどんどん手に入ります。

夢を叶えるのも叶える邪魔をするのも、結局は自分自身なのです。

お金は、学びのツールです。お金が何かを教えてくれているのです

お金は、素晴らしいものです。でも、お金に意識を向けていてはもったいない。お金が連れてきてくれるもの、そちらに目を向けるのです。お金を出したことで、入ってくるものが、必ずあります。いいと思って買ったものが期待はずれだったとしても、その「経験」を手に入れたのです。

手に入れたものを味わう暇もなく、「お金が減った」ということに、こころがいっぱいになる人がいます。

その恐怖で、自分のこころが暗くなってしまうのです。暗くなったエネルギーからは、暗い現実しか生まれません。

望めば　叶う。
願えば　叶う。
ちょっと、気楽にやってみてください。

受け取らない努力をしていませんか？
お金持ちにならない努力をしていませんか？
お金持ちになったら、どんなことが起きると思っているでしょうか？
すべては、あなたの思い通りに進んでいるのです。

ある経営者の男性は、「借金できるということは、信用があるということなんだ！」とほこらしげに、自慢していました。
ある会社員の女性は、「破産しないように、破産しないように」と生きていたら、「破産」にエネルギーを注ぐことになってしまい、結局、「破産」することになりました。

でも、「破産」して起こると思っていた、「この世の終わり」はやってこなかった。ご飯もちゃんと食べられたし、なんとかなった、と言っていました。

お金は、学びのツールです。お金が、何かを教えてくれているのです。

日本円を手にしたときと、ドルを手にしたとき、同じ紙切れですが、気持ちは同じでしょうか？

ドルに馴染みがない方は、日本円とちがって、こころがあまり反応しないかもしれません。

お金に対するさまざまな思い込みは、お金をつかって解消されていくのです。

２０２４年7月から新札の一万円札になった渋沢栄一さんが、どんな顔をしているようにみえますか？

渋沢栄一さんのお顔が、微笑んでいるように見えたら、お金の動きが変わっていきます。

お金に対する気持ちを変えることは、お金の下に入ってしまう自分を解放することになります。

借金と貯金、領収書とお札は、同じエネルギー。水が、水蒸気や雲に形を変えるように、その形がちがうだけです。

どちらかに傾かず、どちらにも価値を感じ、よろこびや感謝を持てたら、こころが楽になっていくことでしょう。

お金の先にあるものを常に見てみてください。こころが満たされていくでしょう。豊かになったこころには、さらなる豊かさがやってきます。

「お金持ち」と呼ばれる方に共通しているのは、「お金を見ていない」こと

霊能者という仕事をしていますと、いろいろな方にお会いします。びっくりするような大富豪の方や、著名な政財界、芸能界の方、その中で「お金持ち」と呼ばれる方に共通しているのは、「お金を見ていない」ということです。

興味や好奇心をひたすら追いかけ続けている。その後ろに、お金がくっついているのです。

逆に、お金がない人はいつもお金のことを考えて、損しないように生きています。

計算が下手な人ほど、計算して生きている。

自分のこころが反応する方へ行動していくと、反応が大きくなります。

その反応こそがエネルギー。お金もエネルギーです。

エネルギーが大きくなれば、自然とお金が増えるエネルギーも大きくなります。

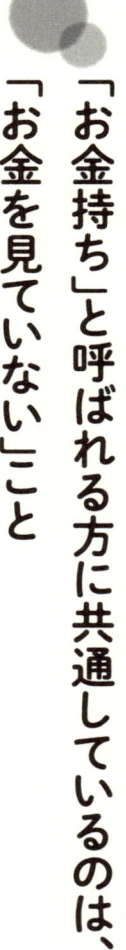

仕事は、「好き」から始まると驚くような結果をもたらしてくれます

「仕事」という言葉を聞いて、パッと思い浮かぶことはどんなことでしょうか？

プラスのイメージ、マイナスのイメージ、いろいろあるでしょう。


見事に人は、そのイメージに向かって生きていってしまいます。自分が持っているイメージを「仕事」が取り組みやすいように変えてみると「仕事」に対するハードルが低くなり、能力が発揮しやすくなります。


「完璧にしなければ」

「結果を出さなければ」

を捨てるのです。

人は、こころが望むことしかできません。自分が好きなことしかやらない、好きなことしかできないようにできています。

すべての人が、本当に好きなことだけすれば、世界は調和し、うまく回っていきます。

でも、「好き」が見えない、「好き」を見たくない、「好き」を避けている人がなんと多いことでしょう。

「好き」をみとめて、それができない悲しみを感じたくない。だから、「好き」なことがないように人生を送る。そうしている人が本当に多いのです。

「好き」を仕事にして、思い切り生きてみることを選ぶ人が、これからどんどん増えていきます。

といっても、「好きな仕事」とは、いろいろなことを目的にしていいのです。

「お金のため」

「見栄のため」

「将来のため」

「世間体のため」

「やりがいのため」

ひとまず、なんでもやってみましょう。


自分が納得していればそれでいい。だれに何を言われようが、自分の目的のために取り組むことで、自分のこころがなんとなく満たされるでしょう。

そしてまた、次の「好き」が見えてきます。それがあらわれてきたら、そのサインに従って生きてみましょう。それくらい気楽に楽しめばいいのです。


仕事は義務ではありません。

仕事をしなければならない、ということにも疑問を持ってみると、新たな視点が生まれてきます。

自分にも他人にも「仕事をすべき」という価値観を押し付けると、苦しみを生みます。

「あのとき　仕事をやめさせていれば」

「仕事じゃなくて命を選んで欲しかった」

「仕事のストレスで病気になったことに気づきました」

という言葉は、意外とよく聞くものです。

正解はありません。正しさではなく、何が好きなのか、何をしたいのか、それを追いかけて生きてみると充実し、満たされた日々を過ごしていけるのです。

うまくいくかどうかもわからないことに、無防備に人生をかけてみると、出したものが返ってくるという、この世の法則で、想像もしないものが返ってきます。

そういう生き方をしている人たちだけが、コミュニティを作りながら世界を変えていくのです。

仕事とは、好きからはじまると、驚くような結果をもたらしてくれます。それには、そういう法則があります。

会社を辞めることは負けではありません。逃げでもありません

人は、感情の生き物です。体が壊れても生きていけますが、こころが壊れたら人は生きていけません。

こころを守ろうと自分自身が、さまざまな出来事を引き起こします。腹の立つことも、悲しいことも、全部、こころを守るためのもの。

こころの動きはこころを守ってくれています。動かさなければこころは壊れてしまうからです。

こころの動きが耐えられないものであれば、そこからSOSが出てきます。そこから深層心理の中で思っていることに気づけば、スルスルと解決していきます。

それほど、人の思いというのは、本当に強いものです。

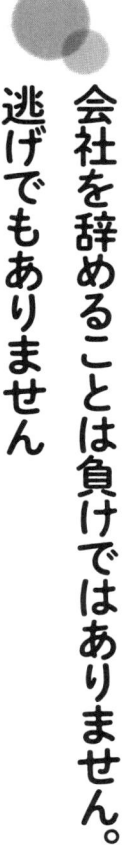

「怨念」「因縁」「生き霊」

そんな言葉があるように、肉体から離れた後も、気持ちが残ることがあります。思い残すことがないように、一瞬一瞬を自分らしく、生きていたいものです。

会社を辞めたい、と思う多くの人は、そこにある感情を辞めたい、と思っています。その感情をもたらす人間関係から逃れたいのです。

本質を知れば、あとは簡単です。自分が本当にしっくりくる場所、会社、人間関係、稼ぎ方を選ぶだけです。

会社を辞めることは負けではありません。逃げでもありません。自分を縛るものから離れてリセットし、新たなスタートを切るだけです。

一人ひとりが行きたくなる会社が、生き残る会社です

バッドニュースを3秒以内に報告、相談できる会社は、安心感がそこにあり、全員がお互いを信頼し合っています。

バッドニュースとは、バッドな気分になったときも含みます。

一方、隠そう、ごまかそう、とする会社は、何か問題が起きたとき、被害がどんどん大きくなっていきます。たとえば、新入社員が「失敗してしまった！」と思うようなことは、大抵、上司からみれば大したことないものです。

これからの時代は、一人ひとりが行きたくなる会社が、生き残る会社です。

社長と毎月5分お茶を飲む会社や、とびきりおいしい朝ごはんがある社員食堂をつくり、

「会社に行きたい！」

と思える社風づくりが、功を奏している会社が多くあります。そうすることで、

「この会社がなくなったら困る！」

「この会社を繁栄させたい！」

という社員が増え、必然的に全員が団結し、会社がうまく回っていきます。全員が経営者の意識と情熱を持つ会社が生き残り、伸びていく、と法人鑑定の中でいつも感じています。面白いことに、長期休暇の多い会社で、

「社長、そろそろ出社してもいいですか？」

と言われた、という経営者のお客様もいました。

こころの時代には自分のこころも、相手のこころも、どんな人のこころも大切にすることがポイントです。

どんな立場の人も同じように、一人一馬力になってもらうことが、会社を繁栄させる秘訣といえます。

ひみつのきもちノートを書いてみよう④

P52のコラムにあったノートの書き方のポイントにそって、次のテーマについて「今の自分が感じたそのままを書いてみましょう。

❶あなたは、どんな人生を生きたいですか？

（自分のこころに従って生きたい、自分の好きなことに囲まれて生きたいなど）今とかけはなれてる理想を思い切って書き、気分を味わってみましょう。それは、具体的であっても、抽象的であっても、感情だけでもかまいません。本当の願いなら叶っていきます。

★★★★★

❷どんな自分を許しますか？

今、自分の中に許せないことがあるとしたら、それはどんなことでしょうか？　許せないことが見つかったら、それを許してみましょう。ゆるすとはみとめること。まずゆるしてみると、本当の自分の気持ちや願いに出会えます。

（学校に行けない自分をゆるす、料理が苦手な自分をゆるす、人に対してすぐ怒ってしまう自分をゆるす、など）

★★★★★

8章

健康・生と死について

体の声は、こころの声を無視し続けた結果、出てくるのです

朝眠いのに、起きなければ……。それがいかにこころにも体にもダメージを与えるでしょうか。忙しすぎる現代は、「寝る」という行為を、おざなりにしてしまいがちです。

私が霊視で感じることですが、体の声に従わないことは、こころに大きな影響があります。体の声は、こころの声を無視し続けた結果、出てくるのです。

だからこそ、まだ眠いのに、起きなければ！　と無理することは禁物です。

せめて、「朝は眠たかったから、昼寝をしよう」とか、「その日の夜は早く寝るようにしよう」など、寝不足を放置しないで早めに対応することです。

自分のこころや体を、だれの目も気にせず、大切にできたら、素晴らしいパワーを発揮してくれます。

こころと体は、つながっています。こころが強い人は、体のメッセージをこころがあらわし、壊れていきます。

体が強い人はこころのメッセージを体があらわし、壊れていきます。このように強いところが壊れるのをよく見てきました。

ストレスによって、免疫力が下がる。健康のために、よかれと思っている行動によって、逆に体がむしばまれていくことがあります。

自分自身のこころと体の声を聞くことで、本当に自分に合っている食べ物や睡眠時間、運動などが見えてきます。

よく、子どもが野菜を食べない、という相談を受けます。子どもたちは、とても敏感な命を守る五感を持っていて、肉や魚に入っているホルモン剤、野菜の農薬はもちろん、遺伝子組み換えのタネの匂いなど、なにかしらの「違和感」をキャッチしていることがあります。

だから、食べたくないのです。

改良で甘くなった人参、えぐみのないトマト、匂いのないピーマンなど、野菜はもはや野菜ではなく、加工食品のようになっています。

せっかく作ったのに食べてくれなくて悲しい、と怒る前に、子どもの気持ちに立ってみてください。


頭ごなしに、悪い子！　と決めつけるのではなく、何か理由があるのかもしれない、とわかってあげると、子どものこころを守ってあげられます。

病気のとき食欲が落ちているのに、無理して食べるのは人間だけです。他の動物はじっとして、食べることをやめます。それが本能です。

健康情報が溢れている現代において、本当にこころと体がよろこんでいるか、見極めましょう。

今、人生がうまくいっていないとしたら、楽なほうを選んでみましょう

本当に強い人は、弱い自分も受け入れています。

気分が落ちたときの自分も、優しく受け入れるようにすると、生きることへの恐れが少なくなります。

なぜなら人は、先のことを考えて、「こうなったらどうしよう?」と不安を生み出し続けているからです。

まだ起きてもいない未来のことを、やみくもに不安に感じたり心配してしまうことは、自分に強い制限をかけてしまいます。

どんな自分も大切にできたら、生きることはもっと楽になれます。

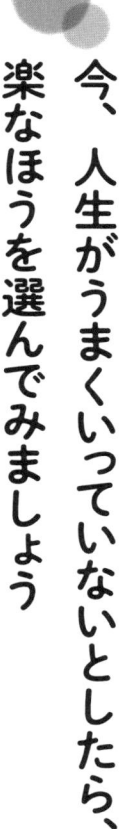

ある特殊な健康法があります。それは楽なほうに体を動かして、体のゆがみをとるというものです。

例えば、首を右、左にかたむけ、楽なほうに、「1、2、3」とかたむけ、元に戻してリラックスします。

三度繰り返すと、違和感があった方も自然と楽になっています。


普通、体が硬ければ、その硬さを感じるところを伸ばしますが、まさにその逆です。楽を選ぶことは、抵抗を起こしがち。

でも、今、人生がうまくいっていないとしたら、楽なほうを選んでみましょう。

それを意識すると結果が変わってきます。

はじめはなかなか選べないかもしれませんが、意識することでだんだんとできるようになります。


意図することは、人生をいかようにも変えてくれるのです。

自分自身にたっぷり愛を注ぐこと。それが生きるということです

反応する体づくり。反応するこころづくり。

それらをしていると、「症状」は大きく出ます。

体に入ってきた悪いものを出すために高熱が出たり、くしゃみが出たり、せきが出たり、じんましんが出たり。それらはいいこと。おさえず、どんどん出しましょう。

熱があまり出なくてよかった、と言うのは間違いで、しっかり高熱が出せる体が理想です。呼吸と同じで、はき出す方が大切。


こころも同様です。「症状」である「感情」がしっかり出ることが大切なのです。

こころも体も、症状の対処法がわかっていたら、生きることは怖くありません。

どちらも同じだからです。

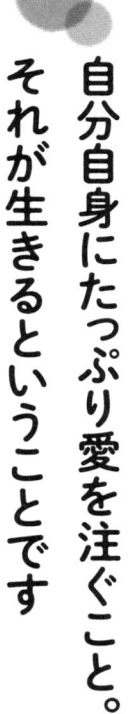

とにかく出すこと。出してそれを見つめることです。

嫌がらずに、避けずに、自分自身で出したものを見つめましょう。見つめることが、愛です。

自分自身にたっぷり愛を注ぐこと。それが生きるということです。

毎日の大便小便もちゃんと見つめてください。大きな便りと、小さな便りです。それは体からのメッセージ。こころと体はつながっていますから、そこにこころからのメッセージも当然、込められています。

簡単に説明すると、いい大便は、バナナのような太さで、つるっと力まず出てくるもの。

沈まず、浮いていて、臭くない。色は、黄褐色です。

いい小便は、泡が立たず、臭いもなく、淡黄色。さーっと出てスッと終わる。

残った感じも、出にくい感じも痛みもありません。

私は保護犬、保護猫活動をしているので、動物のおしっこやうんちは、必ずチェックします。

うんちの量やかたさなども、ビニール袋の上からさわってチェックしています。何かの変化があってこころに負担があると、ストレスとなって体が教えてくれるのです。

よくない「症状」があったら、改善していきましょう。まずは抑えてしまうのではなく、しっかり出す、ということです。

睡眠も同じです。さっと眠りについて、ぐっすり眠れて、朝すっきり目覚める。

そんな風に、毎日の当たり前の中から、こころと体のメッセージを受け取ってみましょう。

肉体には限りがありますが、たましいは永遠です。だからこそ、今を思い切り生きることです

霊能者として生きていると、亡くなった人と、葬儀で話をすることも多々あります。

九州に住んでいる、親戚のおじさんは、自分の葬儀で、棺桶の上にあぐらをかいて座って、

「生きとるばーい」と言っていました。

病院の手術中に亡くなったこともあり、今、自分が置かれている状況がよくわかっておらず、

「あれ？　生きているのに、葬式？　死んでるの？　生きているの？」

と混乱していました。

私が「死んだんですよ」と話をすると、納得して　成仏していきました。

ある小料理屋さんに行ったときに、入り口に、スーツ姿の男性がずっと立ってこちらを見ていたことがあります。

話しかけても黙って、おかみさんを見ながら立っているまま。

「だれだろう？　どうしたんだろう？」と思っていたら、おかみさんの口から、

「最近ね、よく来てくれていたお客さんが、自殺してね」

という話がありました。

すぐにスーツ姿の男性のことだとわかり、それを伝えると、その男性もおかみさんも喜び、その直後、男性が空へと上がっていく様子が見えました。気づくとつながり、パワーがわき、解決します。

こころのこりがあると、人は天へと上がっていくことができません。それをたくさん見てきました。

のこされた人も、亡くなった人も、後悔のないように関わっていくと、最期はお

互いに晴々とした気持ちで、「また来世！！」と言えます。

人は亡くなったとき、８割を超える人たちが同じようなことを言います。それは、

「こんなにあっけなく死ぬと思わなかった」

「もっと思い切り生きればよかった」

という言葉です。

ガンで闘病が辛かった人はそれを言いません。もうこの肉体はいらない、とこころから思えるからです。

肉体には限りがあります。でも、たましいは永遠です。だからこそ、今を思い切り生きることです。

悔いのない時間は、肉体から離れ、あの世、つまり光の世界へ向かうときに、それをとてもスムーズにしてくれます。

こころのままに、自分を解放して、悔いなき日々を送りましょう。

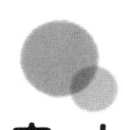

人の死、というのは自然のもの。安易にだれかが同情すべきではないと思います

死にたい、そう思っている人が、今、半分以上はいるのではないでしょうか。つねに孤立した中にいると、不安になるのは、人として当たり前のことです。

自分と合わないのに家族と一緒にいなければならない、という無言のルールの中で、行き場がない、生きているのが辛い、それは当たり前です。

そして、だれもそんな人を救えない状況……。

普通の人が飲んだら、起き上がれないような強い薬を飲んでいる人や、そこから抜け出せない人も、とても多くいます。

私は仕事柄、自殺をした人と霊視で話したり、のこされた家族と接することがよくあります。

そのとき、いつも思います。

自殺は、悪い死に方なのでしょうか。

してほしくない死に方なのでしょうか。


残された人たちは、それを止められたのではないか、自分のせいなのではないか、と悔やむ気持ちが残りがちです。

もう会えない、もう声も聞こえない。

辛い、苦しい……。

それも、どこかで思い込まされた、合わない教えが入っているからこその感情。

そういう死に方をしたら、悪霊となり苦しみ続け、あの世にいけないのでしょうか？

日本とちがい
「行き詰まった、もう死んでしまおう」

という思考回路がない国もあります。

命は神様から預かったもの、だから大切にしなければならない、という宗教の教えで、自殺という概念がないのです。


日本の歴史上の人物は、自分で命を終える、ということをよくしています。その人物たちは、成仏していないのでしょうか。

人の死、というのは自然のもの。どんな生まれ方であれ、死に方であれ、安易にだれかが同情すべきでもないし、なにかを言うべきではない、と思います。

だれにも頼ってはいけない、自分ですべてなんとかしなければならない、親戚から嫌味を言われなければならない、それに耐えかねて、もう解決できない、楽になりたい、と思う人たちがいるなら、そのこころを解くほうが早いし、必須です。

結果を出さなければ価値がない、という社会の中で、社会を「恐いもの」と認識してしまった子どもたちが、生きていくことは、辛いことです。

自分という存在の外側には恐いものしかない。

攻撃しかない。

だから威嚇して生きているのです。

なにか言われたら、それらを全部、怒りで対応する。それしかできないとすれば、人と人とのつながりなどできません。

怒ること、泣くこと、それでしかコミュニケーションがとれないとしたら、気持ちは伝わるはずがありません。

たくさんの人と関わることで、コミュニケーションの力をつけていくことが大切です。

助け合うこと、救い合うこと、それが当たり前の世界になれば

人は人の中でしか癒されません。人との関わりの中でしか手に入れられない愛があります。

生きる力を奪われた人たちが、そんな愛に出会うことは難しいものです。

「無条件の愛に戻れ」

自分のこころを苦しめる、周りの言葉やエネルギーをいったん遮断して、自分の内側と向き合ってみる。

自分の内側にある一滴の愛に気づき、それを増やし、温泉のようにコンコンと愛

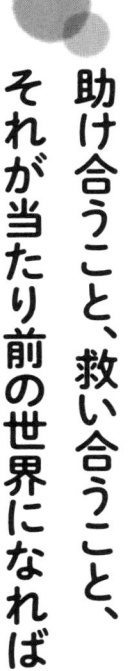

が湧き出てくるように、掘り続けるのです。

この世を、天国だと思っている人と、地獄だと思っている人がいます。勝者に与えられるものが、天国ではない、と知ってください。

勝ち負けの世界からの脱出こそが、天国、という世界です。自分の心地よい世界を自分で創り出すこと。それができれば、心地よく生きていくことは可能です。

むしろ、それでしか、心地よく生きていくことはできないのです。

だれかが決めた社会のルールの中に自分を押し込んでいる限り、本当のしあわせはやってきません。

そして、自分がしあわせになったなら、周りをしあわせにしたいと自然に思うタイミングがやってきます。

助け合うこと、救い合うこと、それが当たり前の世界になれば、自殺を選ばなくて済む人も増えるでしょう。

尊敬する著名な方が「自殺する人は哲学的な人だ」とおっしゃっていました。

いい、悪いとジャッジするのではなく、その命をみつめ、その出来事からのメッセージを生きる人たちが受け取っていくのです。

それが生きるということ、死ぬということがきっちり同じときではなく、バラバラにタイミングが訪れている理由なのです。

亡くなった人たちは生きている人の応援団です

死生観に関しては、特に伝えたいことがたくさんあります。

肉体を脱ぎ捨て、たましいだけの存在に還ったら、あの世へ引越しします。たくさんのきらびやかな神様や先に亡くなった人たちが、亡くなる前から迎えにきてくれます。

肉体を離れると、持っていた常識や同調圧力などもすべて外れていきます。こうすべき、がなくなるのです。

悩むことも、不安になることもマルになってしまうので、感覚が違ってきます。亡くなった人たちは生きている人の応援団です。

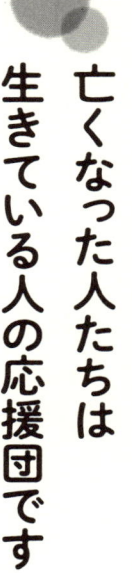

その応援団に自分が応援して欲しいように応援してもらうためには、しっかりと「こうしてほしい」と願うことが大切です。

なぜなら、本質に還ってしまっている、亡くなった人たちと、生きている人たちは価値観が大きく変わってしまっているのです。

「苦しむことも悩むことも必要な過程でいいね！」というように、見守ってくれていますから、「ここから抜け出したい！」とか、「いい出会いが欲しい！」といったように、お願いすることが大事です。

9章

未来について

こころの中で思っていること、自分自身が信じていることには巨大なパワーがある

精神世界やスピリチュアル、自己啓発などが好きな人が陥りがちな落とし穴があります。

「言葉には言霊があるから、いい言葉を使いましょう！」

確かにその通りなのですが、人の「想い」の力は果てしもなくて、「念ずれば花開く」という言葉があるように、お腹の底で思っていることのほうが、現実化してしまいます。

「ありがとう、ありがとう」と言葉で言っていても、お腹の底で、煮え切らない思いがあったり、納得していなくて怒っていたりすると、それが現実化してしまうの

です。

「どうせ……」と思っていると、「どうせ」の後ろの想いが叶います。

例えば、

「どうせ、無理でしょう」

「どうせ、儲からないでしょう」

「どうせ、最後は裏切るでしょう」

それくらい、こころの中で思っていること、自分自身が信じていることには、巨大なパワーがあるのです。

生まれてから今日まで、いろいろな人が教えてくれた「信じていること」は、生きる上での基盤になっています。

例えば、

お金持ちになったら、奪われる。

お金持ちになったら、問題がたくさん起きる。

お金持ちになったら、人を信じられなくなる。

なかなか自分の願いは叶わないな、と思うことがあったら、本当はなにをどう信じているか、自分の内側をのぞいてみてください。


「どうせ……」のあと、自分がどう思っているかをみると、叶わない理由がわかります。

人は、意外なことを「当然」と思っているもので、そこに気づけたら現実創造はあっという間です。

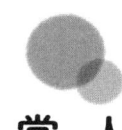

人のせいにしない。大切なのは自分。常に、自分の人生は自分がつくっているのです

目の前にはいつも2つの道が用意されています。

いい気分で過ごしたエネルギーでつくられた、いい気分になる未来、悪い気分で過ごしたエネルギーでつくられた、悪い気分になる未来。

だからといって悪い気分をかくしごまかして、私はいい気分だ、というのはちがいます。

ちがうというのは、現実を見たらわかります。現実があなたが悪い気分になるようなものだとしたら、それは過去のあなたが悪い気分で、その未来をつくったのです。

人のせいにしないことです。

常に、自分の人生は自分がつくっているのです。それがわかると、見るべきは、自分の気持ちです。

今、どんな気持ちなのか。表面的な気持ちではなく、深層心理、深いところでどう思っているか、です。

それは、反応することによってあらわれてきます。

人は、人によって学ぶものです。人を見て感じることから、自分が今、学ぶべきことが見えてくるのです。

こころがワクワクする方向へ自分自身を動かすことができたら、それが自分をはるか遠くまで運んでくれる

過去にさまざまな失敗をすると、ぱっと思いついたことに飛び込む勇気が、だんだん薄れてしまうものです。

好奇心や興味だけでできていた赤ちゃんから、大人になるにつれて無難に無難に、安全な方へと進みがちです。

でも成功する人は、この世にないもの、つまり「新しいもの」を提供できる人です。それは、ふとした「遊びごころ」から生まれるような、そんな小さなところから始まります。

その「小さなこと」をいかに拾えるか、そして大切にできるか。それが自分自身をしあわせにすることにもつながっていきます。

行動力とは、好奇心や興味と共にあるもの。

こころがワクワクする方向へ自分自身を動かすことができたら、果てしない行動力が生まれ、それが自分をはるか遠くまで運んでくれるのです。

感情のまま生きる子どもに戻ってみましょう。

世界がまた違ったように見えてきます。

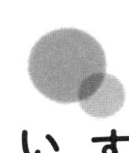

すべては気持ち次第。気持ち一つで、いかようにも世界は変わります。しかも一瞬で

人は見たいように見て、聞きたいように聞いています。

実は事実と大きくかけ離れていることが多いものです。

ある人の表情を見て「機嫌が悪そうな顔してるな」と思っていても、相手は実は、「歯が痛いだけ」だったり、自分が見えているものは勘違いしていることが多い、と思ってみてください。

良い気分でなくなったとき「それって本当？」と自分に問いかけながら生活してみると、事実のかけらが見えてくるかもしれません。

そのかけらから事実の全貌がだんだん見えてきたら、いかに人が「こころ」で生きているか、が見えてきます。

すべては、気持ち次第。
気持ち一つで、いかようにも世界は変わります。
しかも一瞬で。

楽しいこと、うれしいことを一瞬でも体験すると、世界は明るくなって、いろいろなものが照らされ、見えてきます。

まずは、空を見上げたり、太陽をあびたり、猫をなでたり、美味しい紅茶を飲んだり……。
なんでも構いませんから、自分自身が内側からよろこぶことをしてみてください。

そうして気分が変わると、天とつながります。

つながったら、自然界、宇宙、動物、すべてとひとつになり、肉体の外側のラインが、空気にとけていき、ひとつになっていきます。

つまり、自分自身の深いところ、たましいと天が共鳴し、宇宙の叡智が自分の中に存在し始めます。

自分の中の神性、仏性に気づくと、神と一体化します。さらに自然界と一体化し、宇宙と一体化します

それが本来の自分です。

今、どんな感情が湧いてきて、本当はどうありたいのかを見つめると、こころが満たされ、しあわせになります。

楽しい、嬉しいはまず第一歩。

フルマラソンと同じように、５キロ、10キロと進んでいくと、深く感じることでしか、見えない世界があります。

自分の中の神性、仏性に気づくと、神と一体化します。

さらに自然界と一体化し、宇宙と一体化します。

そうすれば、最強になる。その状態をゾーンと呼びます。
迷うことをゼロにする。
不安な時間をゼロにする。
「考えるな！　感じろ！」です。

神と共にいるなら、不安なはずがないのです。

全ての人は、内側に、神性と仏性を持っています。

自分の内側に流れるその素晴らしさが、すべてをよき方向へと導いてくれます。
流されるから遠くへ行けるのです。

おわりに

生きることには、「意味がないという意味」があります。

植物が太陽を求めて伸びていくように、人は自分自身から出ている内側の光に向かって、歩みをすすめているのです。

それは本能です。

自分という存在を追いかけて、追いかけて、追い求め尽くした結果、「なんだ、そこには愛しかなかったんだ」と気づき、「愛」という言葉さえも存在しない、ただただ「感じる」という世界へ辿り着くのです。

そして、その中に溶け込んだ自分というエネルギーは、「愛」という心地よさとひとつになる。人は「愛」そのものです。

肉体を持ち、この世を生きることは、単なるゲーム。壮大なゲームです。

どう生きてもいい、どこまでも人は自由なのです。

だからこそ人は、肉体という入れ物にたましいを入れ、生命と肉体がひとつになった、生命体という状態で、この世を何度も生きることを願うのです。


人生は、自分と出会う旅です。

すべては自分を追求するためのものです。


あなたがだれなのか、それを知ることがしあわせに生きるヒントです。

私は、私としてしか生きられないのです。

出来事を通して、自分を知る。

他人を通して、自分を見る。

いろいろなものを通して自分を感じながら、自分を受け入れながら、終わらない旅を続けていくのです。

100人の集合写真でも、一番はじめに見つけるのは、きっと自分です。みんな本当は、自分が大好きで、自分を知りたいのです。
大好きだからこそ、大嫌いにもなる。自分と関係のない人に、過剰な感情など湧きません。

霊視という力を使い、たくさんのこころに触れさせてもらってきて、感じてきたさまざまなことを書かせてもらいました。

二律背反のような話ばかりで、頭が混乱した方もいると思います。
でも、混乱するというのは、新しいエネルギーが入ってきた証拠です。

そこからご自身のエネルギーと何かが交わり合って、新しいものが生み出されることでしょう。そこに棲む自分自身との出会いを、私も楽しみにしています。

あなたがあなたであることを、ゆるしてみてください。

こんな本に頼らない生き方をしたい！　というのも、もちろんオッケー！

でも困ったとき、行き詰まったとき、一人、暗闇の中におちてしまったような、そんな気持ちになったとき、同行二人のように、この本がだれかのこころの支えになったら、とても嬉しく思います。

人と、自然と、宇宙とのつながりを求めて

私は活動当初から、私財をなげうって、桃源郷をつくりつづけています。

未来型社会を創造するその桃源郷は、これまでは考えられない思想を持ち、生き方をするコミュニティです。

世界平和を願う人々からの祈りに包まれたコミュニティは、24時間、自分らしく在ることでパワーを持ち、お互いに助け合いながら、あらゆる存在を尊敬し、学び

を実践できる持続可能な世界です。

自然栽培、田んぼ、畑、里山、自給自足などをキーワードに、各地を耕し続けています。

アニマルセラピーにつながる、保護犬、保護猫活動はすでに200匹を超えています。

こころと体の健康のために、民間療法、鍼灸、ホメオパシー、吸い玉、古代種の確保などを研究しています。

そしてなにより、宇宙と人とのつながり、自然界と人とのつながり、人と人とのつながりを復活させようと、コミュニケーションを一から伝えられるように、お弟子さんたちと試行錯誤の毎日を送っています。

家族から逃げて、裸足のままかけ込んできた女性や、借金まみれで助けを求めてきた男性、アトピーの体をひきずるようにしてたどり着いた人、本当にいろいろな人たちとの共同生活です。

でもこれが、本当に楽しい！

生きることを探索する日々は、生まれてきて今日まで感じた全てのことが愛だったんだ、と振り返られる日々。

私も頑張って、私の好きなように生きていきます。

どうかあなたも、この地球に命がある限り、好きなように生きてください。
どんな人も、同じ空の下、大いなるものから生命を分け合った、かけがえのない仲間です。

ボンボヤージュ！

一度きりの人生、あなただけの人生！
お互いに、自由に思うように生きていきましょう！
あなたの人生がどんなアート作品として完成するのか、とても楽しみです。
あなたのこれからの人生が、素晴らしい旅になると宣言させていただきます。

天宮　玲桜

愛と感謝を込めて……。

本書をお読みいただいた方に
感謝の特典をプレゼント！

本書をお読みいただいた方に感謝の特典をプレゼントいたします。

【特典 1】天宮玲桜　特別音声「こころのままに生きて、しあわせの波に乗るためのご神託」

【特典 2】読者の方への「ご神託」原稿

※特典は予告なく終了する場合がございます。ご了承ください。
※登録いただくと天宮玲桜先生とKK ロングセラーズのメルマガに同時登録されます。解除はいつでも可能です。

生きる世界は、あなたが決めていい

著　者　天宮玲桜
発行者　真船壮介
発行所　KKロングセラーズ
　　　　東京都新宿区高田馬場4-4-18　〒169-0075
　　　　電話（03）5937-6803（代）
　　　　https://www.kklong.co.jp/

印刷・製本　（株）フクイン
落丁・乱丁は取り替えいたします。
※定価と発行日はカバーに表示してあります。
ISBN978-4-8454-2536-5　C0030　Printed In Japan 2024

編集協力　　株式会社FIX JAPAN　堤 澄江